春发其华，秋收其实，有始有极，爰登其质。

——《后汉书》卷五十二《崔骃列传》

春华集

中华书局员工文选

（二〇二四年）

中 华 书 局

图书在版编目（CIP）数据

春华集：中华书局员工文选．二○二四年/中华书局编．—北京：中华书局，2025.7．—ISBN 978-7-101-17258-4

Ⅰ．C53

中国国家版本馆 CIP 数据核字第 2025E7E701 号

书　　名	春华集——中华书局员工文选（二○二四年）
编　　者	中华书局
责任编辑	姜　红　王雨柔
特约编辑	梁　彦　赵妮娜
装帧设计	毛　淳
责任印制	陈丽娜
出版发行	中华书局
	（北京市丰台区太平桥西里 38 号　100073）
	http://www.zhbc.com.cn
	E-mail:zhbc@zhbc.com.cn
印　　刷	三河市中晟雅豪印务有限公司
版　　次	2025 年 7 月第 1 版
	2025 年 7 月第 1 次印刷
规　　格	开本/850×1168 毫米　1/32
	印张 11⅛　插页 6　字数 200 千字
印　　数	1-600 册
国际书号	ISBN 978-7-101-17258-4
定　　价	66.00 元

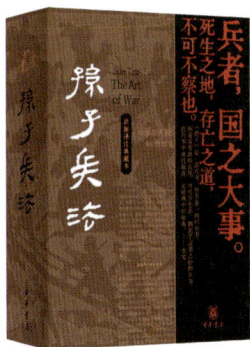
《孙子兵法（讲解译注典藏本）》

《中国式现代化的文化基因》

中华书局
美术编辑

毛淳

·设计作品·

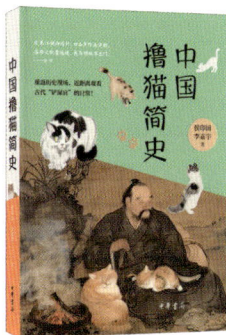
《中国撸猫简史》

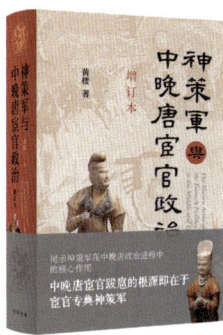
《神策军与中晚唐宦官政治》

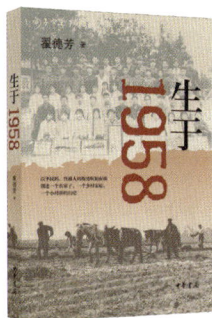
《生于1958》

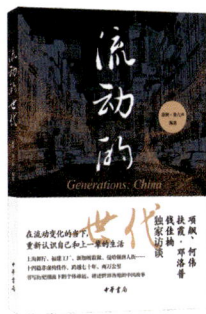
《流动的世代》

《江湖丛谈》

《瞿秋白的生前身后》

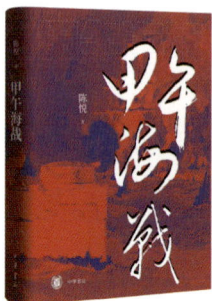

《甲午海战》

中华书局
美术编辑
王铭基
设计作品

《何鲁之死——1831年震撼全球的医疗事件》

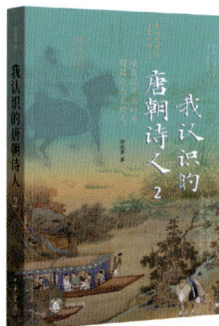

《我认识的唐朝诗人2》

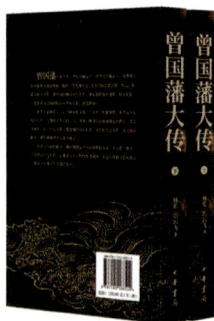

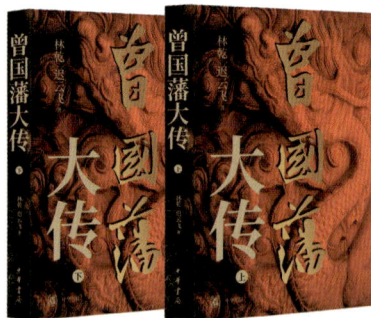

《曾国藩大传》

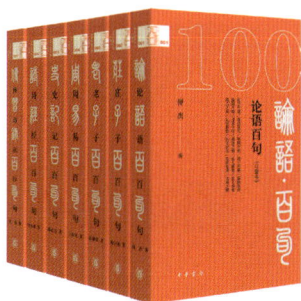

"中华经典百句（口袋本）"系列

"迦陵书系（典藏版）"系列

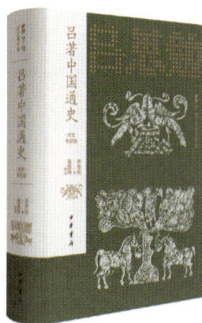

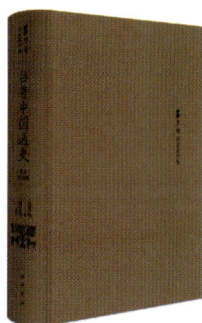

中华书局
美术编辑
刘 丽
·设计作品·

《吕著中国通史（图文导读版）》

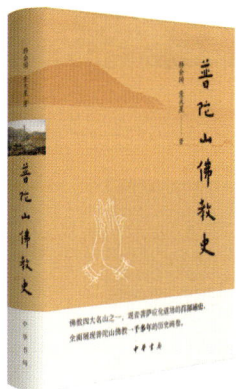

《普陀山佛教史》

《茆帆山水画公开课》

中华书局
美术编辑
周玉
·设计作品·

《家记》

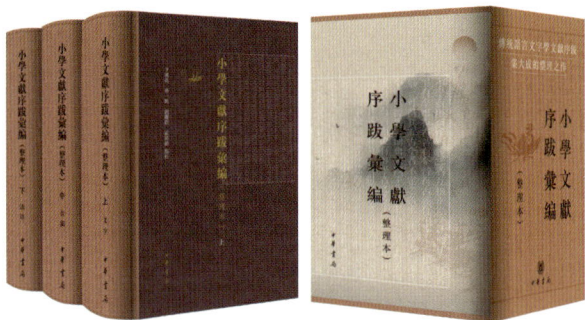

《小学文献序跋汇编（整理本）》

《中国考古百问》

《扬雄方言校释汇证（修订本）》

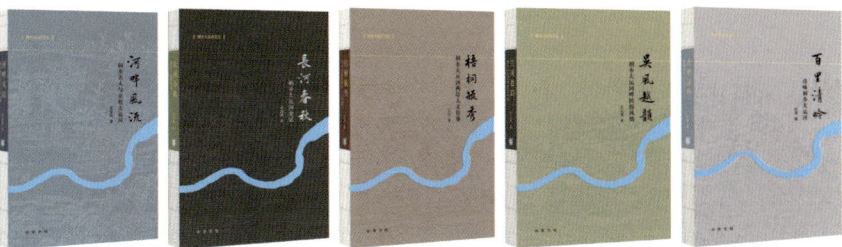

"桐乡大运河文丛"系列

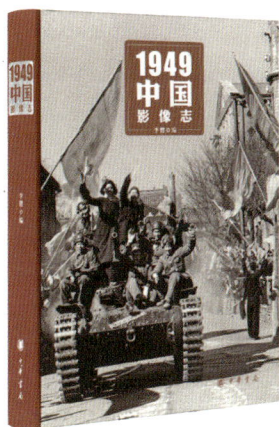

《1949中国影像志》

《吕碧城诗文笺注（增订本）》

中华书局
美术编辑
许丽娟
·设计作品·

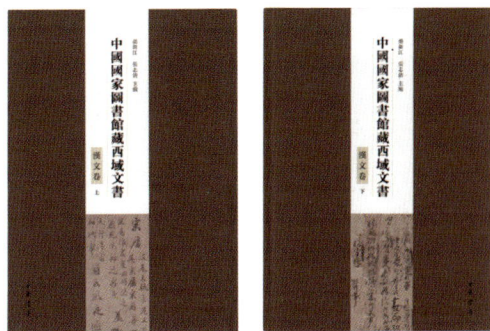

《中国国家图书馆藏西域文书·汉文卷》

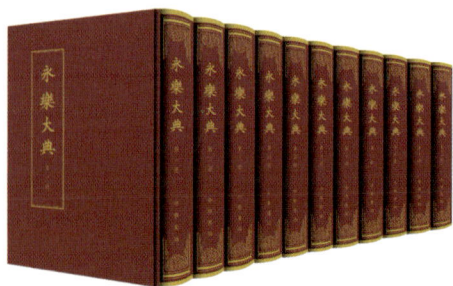

《永乐大典》 周玉 设计

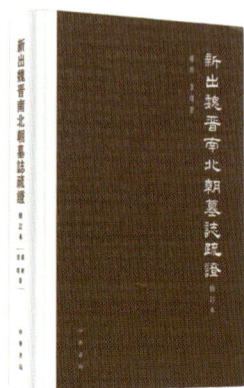

《新出魏晋南北朝墓志疏证（修订本）》 许丽娟 设计

《文脉的演进——中国古代文学史讲录》 刘丽 设计

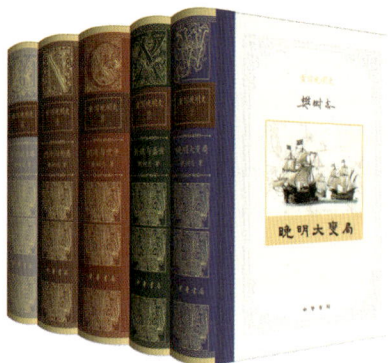

《重写晚明史》 刘丽 设计

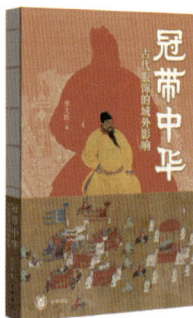

《冠带中华——古代服饰的域外影响》
王铭基 设计

《一个人吃饭，也要好好吃》　周玉 设计

《钱玄同思想重评》　周玉 设计

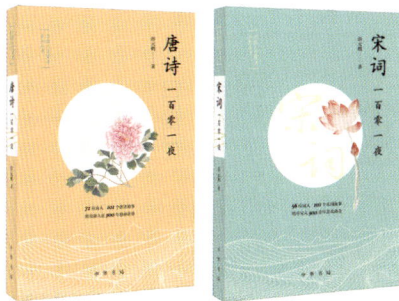

《唐诗一百零一夜》《宋词一百零一夜》许丽娟 设计

《红楼梦靖藏本辨伪》许丽娟 设计

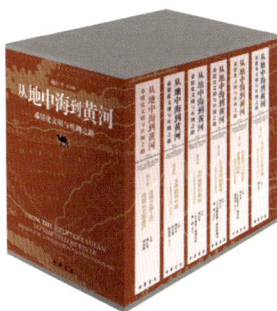

《从地中海到黄河——希腊化文明与丝绸之路》　刘丽 设计

《刘浦江著作集》 刘丽 设计

《孔子随喜》 周玉 设计

《比邻而居——辽金西夏民族生活史》
《万国衣冠拜冕旒——唐代日常生活概览》
刘丽 设计

《知人论学：民国时期的边疆学人与学术》 周玉 设计

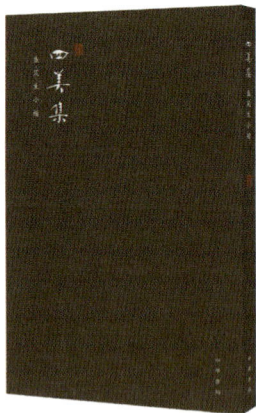

《四美集·盛筑生小楷》 许丽娟 设计

目　录

编辑手记

书里书外

学林散叶

百川学海

艺文类聚

行 业 思 考

特　稿

编辑手记

《孙中山全集》诞生记：
中华书局与孙中山研究

欧阳红

有关孙中山的研究与宣传已百年有余，相关成果丰硕，孙本人之文集、全集、选集的出版更不在少。20世纪70年代以来，中华书局（以下简称"书局"）积极组织策划，出版了数种孙中山著作及研究成果的头部图书，形成自身特色和品牌优势，也促进孙中山研究的深入。

在孙中山著作出版方面，有《孙中山全集》（1981—1986年出版）、《孙中山全集续编》（2017年出版）；在研究成果方面，有《孙中山年谱》（1980年出版）、《孙中山年谱长编》（1991年出版）、《孙中山史事编年》（2017年出版）。其中，1986年11卷本《孙中山全集》出齐，被视作"1986年中国出版界十件大事之一"；1991年3卷本《孙中山年谱长编》面世，恰逢纪念辛亥革命80周年，在学界产生很大影响；2017年12卷本《孙中山史事编年》出版，有学者称"百余年来孙中山年谱系列，无出其右者，令人叹为观止"。

在30余年的出版接力中，有太多书后故事值得记述，书局退休编审陈铮先生与笔者已有专文谈及，不赘（参见《〈孙中山全集〉出版史始末忆述》《孙中山研究的出版接力》）。以下仅就《孙中山全集》（以下简称《孙集》）书稿档案所见，以信函为中心，客观呈现编辑出版背后鲜为人知的故事，以见孙中山研究与书局之密切关系，以及书局在引领、推动《孙集》出版过程中所起的作用。

一、书稿档案介绍

书局保存的书稿档案，多系一书一档，按时序编排，内容涵盖一本书的起因、组约稿、审读加工、发稿重印、装帧设计、印制工艺，以及面市后销售状况、读者来信、编辑部回函、学术界评价等信息。

《孙集》书稿档案共计3函，起讫1977至1996年，时间跨度20年，主要收录编著双方往还公函、私函，编纂方案、目录、内容简介、审读报告、发稿单、重印单，以及各类文件、批示、电话记录、学术会议资料、获奖证书等杂件。档案资料丰富，话题广泛，除编纂体例商谈、文章篇目去就、出书时间约定、文字标点斟酌外，还涉及具体学术问题及文献细节的反复讨论。

1977年1月22日，书局近代史组致函中国社科院近代史所尚明轩，提及《孙中山年谱》的定稿与清样，这是档案中保存最早的书信。

此后至 1986 年，围绕《孙集》编辑出版往还的信函不断，共 100 多通，包括书局编辑部（含二编室）发往广东省社科院、中山大学历史系、中国社科院近代史所的公函底稿，以及书局总编辑李侃、责编陈铮与编者张磊、黄彦、段云章诸位先生间的私函。

进入 20 世纪 90 年代，公函不见有存，仅有陈铮与黄彦间少量私函，主要议及《孙集》索引及补编的编纂。

这些书稿档案，是那个时代孙中山研究成为"显学"的一个例证，从另一个侧面展示了孙中山研究的发展状况及学术动向。

二、列入计划并启动出版

出版孙中山著作，书局起步较早。据陈铮先生忆述，1962 年 3 月 7 日，周扬同志在一次听取汇报会上谈到书局工作时说："近人、今人著作也要整理出版"，"有的人出选集，有的人出全集或文集，比如章太炎的、梁启超的、刘师培的等等，甚至胡适、陈独秀的将来也要选择出版"。

由此，1962 年书局启动中国近代人物著作的整理与出版，《孙中山集》列入出版计划。20 世纪 70 年代完成编纂的《孙中山年谱》（广东省哲学社会科学研究所历史研究室、中国社会科学院近代史研究所中华民国史研究室、中山大学历史系合编）作为征求意见稿，1980年收入书局内部发行俗称"白皮书"的"中华民国史资料丛稿"。

《孙集》编辑出版的实际启动，已是15年后。20世纪70年代中期，书局的出版业务逐步恢复，由此亦开启近代史图书出版的"狂飙时代"。

1977年11月29日，书局编辑部近代史组正式向广东省哲学社会科学研究所历史研究室发出邀约：

> 编辑出版一部比较完整的孙中山的集子，是一件具有重要政治意义的工作，这对于进一步研究孙中山的思想和活动、深入研究中国近现代史都是完全必要的……我们已把这个项目作为近年出书的重点之一，希望在1979年国庆三十周年时出第一集，全书在三五年内陆续出齐。

12月16日，历史研究室复函编辑部，送来拟订的编辑方案、编辑计划、第一卷篇目；并决定成立编辑组，负责《孙集》编辑工作。

1978年3月2日，对于该3个附件，编辑部经研究提出：

> 编辑方案和计划除了向研究单位和个人征求意

见外，还应送请中联部、中宣部、统战部、中央党校、全国政协等有关部门和领导同志指导。

应编辑部报送上级机关的要求，3月12日，历史研究室复将修订过的编辑方案及第一卷篇目再次寄返。

4月8日，书局二编室正式函达广东省哲学社会科学研究所历史研究室：

同意编辑方案和第一卷篇目的意见。

至此，编辑出版《孙集》的前期准备工作告竣，编辑体例拟就。

三、四方协同合作

1979年1月5日，编辑部致函广东：

望你们继续抓紧编纂工作，可否从今年起至一九八〇年底陆续交稿，分批发稿？

收到编辑部的催稿函后，由于时间紧迫，广东省哲学社会科学研究所历史研究所（已由研究室更名为研究所）遂提议"同中山大学历史系、中国近代史研究所协作，分工负责，齐头并进"（1979年1月11日来函）。扩大编者队伍的意见，得到编辑部认可（1979年1月17日去函）。至此，参与《孙集》编辑的编纂方，由一方变为三方。

1979 年 12 月 15 日，黄彦致信李侃、陈铮：

> 本月 1 日上午开《孙集》协作会议……除对编辑工作的方法和步骤进行交流外，谈到以下一些问题。

信中说协作会议讨论了 7 个议题，包括：陈锡祺建议改书名为《孙中山全集》；各卷的署名问题；会议强调各卷"分工必须合作"，不能"八仙过海，各显神通"；会后选出一两篇讨论稿；等等。

经编著四方深入反复沟通、频密的公私函达，1980 年后《孙集》的编纂方式采取分工合作、分卷负责、单独署名。其中，广东省社科院历史所承担第一、第九、第十、第十一卷，中国社科院近代史所承担第二、第三、第四卷，中山大学历史系承担第五、第六、第七、第八卷。同时，四方议定待全稿完工即着手编制索引，列为第十二卷。全书不设主编，各卷谁编纂谁署名，十几号人集体协同"作战"。书局一方，由责任编辑陈铮居间协调，统一体例，接待来京编者等。但凡遇文字考订、注释译文等疑难问题，均写信协商解决。书信未尽之事，便函请来京解决。

1980 年 8 月 22 日，编辑部致函黄彦：

> 请来京商谈《孙中山全集》第一卷稿问题。

9 月 1 日，黄彦函复陈铮：

到京后的住处，盼协商解决。最好晚间能够看书、写字……只希望有写字台和电灯，不太嘈杂便行。

条件虽然艰苦，但编著双方为了共同事业、同一目标，结下深厚情谊。

1981年3月28日，黄彦致函陈铮：

这些天来我全力以赴，希望能提高质量，减少错误，俟能传诸后世……我们单位几同志商量，建议删去扉页上"中国近代人物文集丛书"字样。因为这部书是一个大人物的全集，列为丛书之一，势必降低了它的价值。

编辑部采纳了该建议。据陈铮先生回忆，《孙集》的封面设计，是按马列著作规格来做的，封面采用烫金工艺，内封请宋庆龄先生题写书名。

1981年，《孙集》第一卷面世，各方反响很大，海外也高度关注，这大大激发了编者的热情。1982年3月25日，黄彦致函陈铮，谓：

中大集中六七人，天天在编《孙集》，他们打算争取年底完成各卷。

此后，出版方与编者方的交流互动，主要是沟通进度、协作统稿。如 1982 年 4 月 30 日，段云章致函何双生、陈铮：

> 为校对《孙中山全集》事，我们二人已于日前抵沪，拟于五月十日前到达北京，到时当面聆教益。
>
> 到京后住的问题，我们已写信给近代史所等单位的同志，希望设法找到靠近王府井或北图的住处，以便充分利用时间，速去速归。

另一家编辑单位即中国社科院近代史所中华民国史研究室，因地近之故，交流相对便宜，但凡涉及要事双方均以公函送达。类似信函，不详举。

四、推动孙中山研究

可以看出，日常书信往还大多围绕编辑体例、文字校订、出书进度，但也有大量内容言及当时研究动向，以及对一些具体问题的看法。1977 年 11 月 18 日，张磊致函编辑部："学术界开始活跃，史、哲、经三界开始酝酿"，"广州形势亦佳"。

此外，在精选版本、提高质量、资料选材、文字翻译等方面，编著双方也有深入的交流，一定程度上也推动了孙中山研究的深入。

1980 年 7 月 1 日，第一卷书稿编竣在即，黄彦致函陈铮：

我读到台北《中国时报》1980 年 5 月 14 日刊登吴相湘的一篇长文，题为《〈国父年谱〉要认真改编——由大陆近刊〈孙中山年谱〉谈起》。作者看到的……说近年来中国大陆研究孙中山达到一个高峰……并含蓄地对我们年谱引用台湾的出版物（包括吴本人的著作）感到高兴。吴特别注意我们年谱附录的"征引书目"，逐项统计字数并加评论；主张台湾也应收入《致郑藻如书》《农功》二篇著作。对我们的主要批评是对近二十年出版的外文著作较少利用。

1981 年 1 月 10 日，黄彦复致函陈铮：

又得日本横滨的藤井昇三教授来函，应我的请求注释了一些日人姓名、情事等，对原稿稍有改动……对蒋介石等人也不回避。我们觉得这种实事求是的态度是对的……全集第一卷收入 1900 年 7 月 16 日《与斯韦顿汉等的谈话》，是暂用台湾出版的吴相湘《孙逸仙先生》的译文。这次柯立南寄来英文原文，经翻译成中文，才发现吴书错了，并非 7 月 16 日在香港舟中的谈话，而是 7 月 10 日斯韦顿汉等到新加坡访问孙中山时的谈话……这补寄的资料价值极高（吴书是转引香港报纸，故错漏较多，柯寄的是档案），故请尽可能设法加以补救。

1981 年 5 月 9 日，黄彦致函陈铮：

> 重译《三十三年之梦》一事，待转告禹昌夏。

1981 年 8 月 23 日，黄彦致函陈铮：

> 翻译《宫崎滔天年谱》的禹昌夏同志说，发现有近三分之一的篇幅为中译本所未译，文意出入之处也不少。该日文原文我也翻检过。如可能的话，最好是重译。

五、《孙集》出版之后

时光飞逝，1986 年《孙集》最后一卷完成出版。全书 11 卷 500 万字，收文按时序编排，不能精确系月者系于本年之末，不能精确系日者系于本月之末。内容包括孙中山的各种著作、诗文函电、制订的文件、口述文章、演说和谈话，由他签发的公文、命令、委任状、各种证券和收据，以及一部分题词。该书出版后受到极大关注，曾在大陆独领风骚 30 余年。

《孙集》的编辑出版，是应国内形势与研究发展所需，书局抓住了时代给予的机会。然而，这并非意味着编辑出版孙中山的著作，因此画上句号。《孙集》成书于 1981—1986 年，收集资料更早，由于客观条件所限，遗珠不少。20 世纪 90 年代后，报刊书籍资料日繁，中外文档案使用更为便利，《孙集》需进一步续补的条件渐备。

1994年3月18日，陈铮致函黄彦：

> 年前承告《孙中山全集》补编与索引共2册，计划于今年一季度交稿。据此，我们已将此项列入二季度发稿计划。现已三月中旬，不知编辑进度如何？能否如期交稿？……年初已与中大联系过，他们已同贵所商妥，索引归你们编制……我们初步考虑有两种称谓，即（一）《孙中山全集补编》；（二）《孙中山全集续编》。

1996年9月26日，黄彦函告陈铮：

> 全集补编未能完成，至感歉疚。补编之所以未能完成，一因工作量大而时间未抓紧；二因当时补入资料除移植台北、上海二版本所收外，新添的不多，内心颇感不平衡。故我当时产生一新想法，索性通过编《孙文全集》搜集到更多资料，而将这些资料统统编入补编同时出版，始不致有厚此薄彼之弊。

进入21世纪后，孙中山研究已难称得上"显学"，不过仍有学者在积极从事孙中山的资料整理、编纂和研究工作，且做出不俗的成绩。全集方面，人民出版社于2015年出版了由中国社科院近代史所尚明轩主编的《孙中山全集》，15卷1000万字；广东人民出版社于2016年出版了由广东省社科院孙中山研究所黄彦主编的《孙文全集》，20 卷 1200 万字。以上两种全集，与台版《国父全集》体例相同，均按类编排。

2012 年，在广泛听取林家有、李吉奎、桑兵、陈铮等先生意见后，笔者向书局提交启动续编《孙集》的报告，时任总经理徐俊批示"抓紧办理"。在中山大学历史系林家有、李吉奎、邱捷、周兴樑等《孙集》部分原班人马的努力下，2017 年夏于《孙中山史事编年》面市的同期，200 万字的 5 卷本《孙中山全集续编》出版。同时，《孙集》升级为第三版，原版内封上宋庆龄先生的题签移作封面书名。《孙中山全集续编》与《孙集》合成完璧，总共 16 卷 700 余万字。

至此，大陆通行的《孙集》有 3 个版本：中华书局版、人民出版社版、广东人民出版社版，为孙中山及中国近代史研究提供了丰富的资料。

30 余年，弹指一挥。无论是《孙集》，还是其他相关研究成果的出版，均体现了书局在学术出版上的追求和担当，倾注了一代代学者与编辑的心力。事非经过不知难。如今，我们仅能透过书稿档案的只言片语，窥见前人的学术眼光和气魄，及创榛辟莽之功。

好的传统须继承和发扬，学术研究如此，编辑出版亦当如是。谨以孙中山先生的名句"吾志所向，一往无前，愈挫愈奋，再接再厉"为勉，在前人的指引下稳步前行。

（原载 2024 年 1 月 15 日"中华书局 1912"微信公众号，作者系中华书局近代史编辑部编辑）

普及中华经典通识　赓续优秀传统文化

贾雪飞

中华优秀传统文化是中华民族的精神命脉，是涵养社会主义核心价值观的重要源泉，也是我们在世界文化激荡中站稳脚跟的坚实根基。历经千年留存下来的中华经典，记载了中华文明五千年的发展史和更新史，传承着中华文明之光。面对世界和历史的剧变，凝聚当代学者的学识力量，以新高度导读传统经典，以新视界普及传统文化，以新审美提升文化品位，是大众读者浸润心灵、启迪智慧的日常需求，是赓续中华文明、创造人类文明新形态的具体要求，也是出版者传承文脉、以文化人的责任追求。作为中华优秀传统文化出版和传播第一重镇的中华书局，自 2022 年陆续推出的"中华经典通识"系列丛书，正是主动担当历史使命、创造人类文明新形态的具体举措。

聚合优秀学者，以"大家小书"解读中华经典

优秀学者是一个时代的精神脊梁和智力宝库。聚合当代各领域的优秀学者，以当今时代的需求和民众的需要，对浩繁丰沛的传统经典及其价值意义进行研究性的梳理、阐发，再以适合大众阅读的流畅行文、有趣故事和高品质全彩图文书的形式呈现出来，这是融合知识体系更新和传承优秀文明于一体的出版活动，具有深远的文化意义。

中华书局自 2020 年开始筹划、2022 年 7 月开始推出的"中华经典通识"系列丛书，正是这样一套聚合当代各领域优秀学者，以新学术高度、新视野广度、新呈现角度，面向大众读者导读传统经典，以传递当代学者的新知、新见和新识，在润物无声中更新知识体系、赓续中华文明的一套丛书。

作为"十四五"国家重点出版物出版规划项目，"中华经典通识"系列丛书以复旦大学图书馆馆长、教育部"长江学者"陈引驰教授为主编，聚合了国内各重要高校的专家、大家，是面向大众读者撰写的原创专著图书。其作者诸如武汉大学郭齐勇教授、清华大学张国刚教授、复旦大学陈引驰教授、北京大学周兴陆教授、华东师范大学竺洪波教授等，都是常年从事一线教学工作，且在该领域卓有建树的专家学者。

因为丛书定位是专家学者面向大众读者的原创专著，

力求学术性与通俗性、严肃性与趣味性的深度融合，所以丛书最显著的特点是"好看"的"大家小书"。"大家"指的是作者，都是具有深厚学术功力的优秀学者；"小书"是指书的形态，图书篇幅都在 7 万字、250 页左右，便于阅读和携带；"好看"是指图书内容故事性强、行文流畅，全彩图文排版，阅读起来赏心悦目。

丛书涵盖国人必知的传统经典，诸如《四书通识》《〈资治通鉴〉通识》《〈老子〉通识》《〈庄子〉通识》《〈孙子兵法〉通识》《〈本草纲目〉通识》及四大名著通识等。正是因为丛书从读者立场出发，集优秀学者多年研究心得而成，故出版后在社会各界引起热烈反响，读者对中华书局主动担当、将传统文化植根大众的作为给予高度肯定。与之相伴，丛书在销售上屡创佳绩，实现良好的双效益。

面向大众，推进传统文化教育

新时代文化建设要始终着眼于人、落脚于人。着眼满足人民群众多样化、多层次、多方面的精神文化需求，提升文化服务和文化产品供给能力，增强人民群众文化获得感、幸福感。优秀中华经典中凝聚的优秀思想文化，直指心灵教育，提升人生境界，是培养美好品德的重要源泉。

"中华经典通识"系列丛书在策划之初就着眼社会大众、着眼青少年的传统文化教育，力图把当代学者对传统经典的更新解读传递给广大读者，搭建他们最新的知识架构和价值视野，让"传承优秀文化、赓续中华文明"成为当代青少年的文化自觉和文化底气。"中华经典通识"系列丛书出版后，在图书作者的大力支持下，中华书局主办的"中华经典进校园"活动从上海出发，正有条不紊地向全国推广。

2024 年 6 月，中华书局与上海临港智慧图书馆合作举行"中华经典通识月"系列讲座活动，邀请"中华经典通识"的作者，诸如上海师范大学教授、中国红楼梦学会副会长詹丹教授讲《〈红楼梦〉通识》，复旦大学吴兆路教授讲《〈水浒传〉通识》，上海政法大学沈海波教授讲《〈山海经〉通识》等，受到广大读者的热烈欢迎。

2024 年中华书局成立"中华经典共读会"，每日线上与读者共读经典。6 月至 8 月，中华书局联合上海教育报刊总社、新读写杂志社，开展"让青少年读懂中国·中华经典通识月"系列活动，邀请复旦大学陈引驰教授、北京大学周兴陆教授、南开大学夏炎教授、同济大学刘强教授走进校园，与广大中学师生面对面交流；暑期，中华书局联合上海新华传媒有限公司，在上海书城开展"少年中国·2024 暑期传统文化加油站"系列活动，进行线上线下共 17 场次的共读经典活动，得到社会各界的积极响应。2024 年，"中华经典进校园"活动也渐次在广东、江西、湖南等地以不同形式展开。

以传统文化之光照亮强国建设、民族复兴的前行之路，是文化出版和传播工作者的历史责任，更是新时代赋予的光荣使命。循大道，至万里。中华书局正在以"中华经典通识"为重要载体，推动新时代的传统文化赓续；以"中华经典进校园"为着力点，推进青少年的传统文化教育。

面向世界，讲好经典中的故事

"中华经典通识"以 5 种为一辑，目前共出版了 3 辑 15 种图书，每辑图书有各自的核心。例如出版于 2023 年 7 月的第二辑图书主题为"让经典融入身心"，包括《〈周易〉通识》《〈本草纲目〉通识》《〈世说新语〉通识》《〈三国演义〉通识》《〈唐诗三百首〉通识》。从《周易》对天道人文的思考，到唐诗精神对心灵世界的滋养，再到本草医学对身心健康的呵护，本辑图书多维度展现传统经典对人心、生命的关怀与尊重，指引更多当代人塑造自我人格，直面眼前和将来纷繁复杂的生活。

《本草纲目》是中华民族优秀的医药学宝典，其作者李时珍被李约瑟盛赞为"药物学界中之王子"，其书被达尔文称为"古代中国百科全书"，更是很快流传到朝鲜、日本等国，先后被译成日、朝、拉丁、英、法、德、俄等文字，具有广泛的世界影响力，是一本向世界展示中华优秀文明的传统经典。

但如此重要的典籍，自从其问世以来，也只有少数医药学专家阅读和研究，对绝大多数人来说，都是只知其名，不了解其具体内容的一本"熟"而不"悉"的经典。甚至，在国人的意识中，《本草纲目》是一本高高在上、远离我们日常生活的专业图书。成都中医药大学王家葵教授著《〈本草纲目〉通识》，从一枚错版的李时珍纪念邮票谈起，引出对《本草纲目》及中国本草发展史的介绍，尤其对其中专深的医药概念、术语、药物制作过程等做了深入浅出的讲解，令读者豁然开朗，了解了《本草纲目》到底讲了哪些内容、是怎么编排呈现的，以及讲解过程中又介绍了哪些医学通识、药学常识和生活知识等，从"知道"《本草纲目》上升到"了解"《本草纲目》。

王家葵教授在书中把诸多学术研究的问题，化为通俗易懂的话语表述出来。比如他讲解《本草纲目》三大部类之一矿物类的"水部"时，提到"半天河"。"半天河"是什么，一般人可能不清楚，但当看到书中所配的《补遗雷公炮制便览》中的半天河图，就恍然大悟了——画中一人站在梯子上从树洞中取积聚的水，一人站在高凳上从竹篱上端取积存在空洞中的水。显而易见，"半天河"指的是积聚在树洞等处的从天而降的水。

同时，《〈本草纲目〉通识》配有近300幅彩色插图，包括经典文献中的植物、动物、矿物图，古代医药著作中的插图，反映古代治病、医疗相关场景的图等，用图片呈现古代本草和社会生活的关系。

虽然如上文所述，《本草纲目》被翻译成多种语言，具有广泛的世界影响力，但如果中国人都不懂，如何指望国外读者对它有更多的了解？在这个意义上，《〈本草纲目〉通识》不仅是为中国人普及传统文化、解读传统宝典的精要之作，更是赓续了世界文明的发展。

面对世界百年未有之大变局，要实现中华民族伟大复兴，"在五千多年中华文明深厚基础上开辟和发展中国特色社会主义，把马克思主义基本原理同中国具体实际、同中华优秀传统文化相结合是必由之路"。有效地推动中华优秀传统文化创造性转化、创新性发展，才能更有力地推进中国特色社会主义文化建设，建设中华民族现代文明。从这个角度出发，正在陆续出版的"中华经典通识"系列丛书，是一个被实践证明了的有效路径。

（原载 2024 年 11 月 12 日《中国纪检监察报》，作者系中华书局上海聚珍文化传媒有限公司编辑）

走最远的路，登最高的山

——《满世界寻找敦煌》编辑手记

马　燕

2022 年 9 月 15 日上午，北京大学历史学系荣新江教授在杭州的中国丝绸博物馆开始做"满世界寻找敦煌"系列讲座。这个题目是时任中国丝绸博物馆馆长赵丰老师拟定的。当时在线观众多至万人，可见讲座受欢迎程度。讲座结束后，我立即向荣老师约稿。虽然当时也有几家出版社竞争，但由于有赵丰老师和徐俊老师的加持，荣老师欣然同意把稿件交给中华书局。

一

荣老师的 10 次讲演内容，经中国丝绸博物馆整理后，2022 年 11 月至 2023 年 8 月，在《文史知识》连载。最初整理出来的每讲字数约 15000 字左右，但因杂志篇幅所限，连载时删至每篇 8000 字左右。在杭州的讲座聚焦于荣老师在国外的寻访故事，未包括中国部分。为此，荣老师又专门在北京大学给学生讲了两次课，补上了中国部分。这些演讲文字组成本书的正文部分，共12章。此外，书中还特别增加一些内容：前有序曲《从莱顿出发》，后有两篇附录《重新发现〈永乐大典〉》《斯卡奇科夫所获汉籍管窥》，以及《寻访年表》。

2023年12月31日，荣老师把前10章稿件交给我。较之《文史知识》增加的文字，均以蓝色标记。200余幅图片，每一幅都注明出处。这让我对荣老师的严谨认真有了初步印象。全部稿件齐备是2024年3月中旬。

在编辑过程中，我发现一些问题：因为是讲述40年前的往事，在一些事实细节上，难免会出现记忆上的误差——这需要作者仔细核实。这本书的文字基础是演讲稿，优点是生动流畅，但也会存在不足：一是口语化的痕迹需要打磨，二是会出现因音同而导致的讹误。比如，第226页提到德国汉学家奥托·弗兰阁（Otto Franke），第242页提到奥古斯特·赫尔曼·弗兰克（August Hermann Francke）——这是一位传教士——但讲演时由于都发Frank的音，错把"弗兰克"写成"弗兰阁"了。

我并非历史专业出身，为了保证书稿内容的准确性，一直努力对各种细节进行核查。稿件中的书名多达1968个，排除重复的，数量依然惊人，其中很多是外文书。我通过各种渠道尽量找到外文书的封面进行对照，力保无误。书中涉及的人名也不少，有姓名的师友就有 158 位；其他像地名、博物馆图书馆名称、会议名称等信息不可胜数。有时候突然发现的一个讹误，会让我意识到这类信息的核查可能有所遗漏。比如原稿中提到"2008 年，东方文献研究所为庆祝亚洲博物馆建立 120 周年"，但实际应该是 190 周年。发现这个问题后，我立即把稿件中所有涉及年份的信息统统查了一遍。

凡是看过本书的读者应该都有体会，这本书的信息量非常大，不是一本能够速读的书。有时候短短几句话，背后可能就是作者的一篇或多篇专业论文在支撑。比如第 8 页提到"为什么敦煌藏经洞里装了这么多东西"，文中只有短短 4 行的解释说明，要想对这个问题有比较深入的认识，还需要参看作者的《敦煌藏经洞的性质及其封闭原因》一文。

因为时间有限，知识点密集，编辑这本书确实不易，但付出的所有努力都是值得的。编辑这本书的半年多时间里，自己在书里书外的收获都是巨大的。

二

先说书外。最深刻的感受是荣老师严谨认真的治学态度。他看了不止一遍校样，图片、年表、地名示意图更是审读了好几次。书稿中的每一处疑问他都不厌其烦地核查。比如第 136 页提到张大千临摹敦煌壁画前请青海黄南 5 个做工笔唐卡的喇嘛勾线——黄南，原稿写的是"黄县"。我查了之后觉得有问题，就问了荣老师，他当即表示应该是错了，但具体是哪里，还需要核查资料。他查阅了 3 种张大千传记，都只说这些人是从塔尔寺请来的，没提来自哪里，后来又查阅别的资料才确定应该是"黄南"。其实这个问题无关宏旨，完全可以一删了事，但对荣老师来说，似乎没有这个选项，他要把每个疑问都查实、真正弄清楚才行。

除此之外，还深刻感悟到荣老师做事的执着精神以及对于书稿更上层楼的追求。2024 年 5 月 15 日，荣老师第一次提出，如果书后能附一个按时序排列的寻访年表就好了，我说要赶时间，怕是来不及了。18 日，他说自己已经在编年表；19 日，他说把书里涉及的事情之年表列完了，但还想把书里没有具体写到，但也是"满世界寻找敦煌"的事情列入；21 日，他说年表编到 2012 年，问我"是不是来不及了"，我说那就不加了。最后，22 日 9 点前，他发来年表。短短一周时间，荣老师把自己 40 年"满世界寻找敦煌"的足迹全部梳理一遍，涉及 11 个国家 48 个城市。这些城市中，很多他并非只去一次，而是多次。荣老师说："我这人一根筋，要做什么事，就非要做到底。"

至于我从书稿中得到的收获，那就更多了。在反复审读书稿的过程中，我觉得本书的主线当然是作者的个人学术史，但除此之外，至少还有4个部分的内容值得关注：一是20世纪初期英、法、德、日、俄等国的西域探险史；二是敦煌文物文献的流散及现今的藏存情况；三是一代又一代学人为追寻敦煌文物文献做出的不懈努力；四是敦煌学在过去120年间的发展及国运的变迁。这些内容有机融合在一个个妙趣横生的故事中。所以，对于想深入了解敦煌及敦煌学的大众读者而言，这本书是再适合不过的入门读物。

为了编辑本书，我还读了荣老师更多的著作，愈发觉得《满世界寻找敦煌》是一个独特的存在。荣老师以前出版的多是纯学术著作，这本书就像把大幕拉开，让读者看到这些学术著作产生的过程。比如，通过这本书，我们能看到《海外敦煌吐鲁番文献知见录》的精彩花絮，了解《敦煌学十八讲》背后的故事，知道为什么会有《从学与追念》这样的"情深义重之作"……

尤其值得一提的是，这本书相对《学术训练与学术规范》一书，是有益的对照与补充。《学术训练与学术规范》一书是荣老师面向中国古代史专业的学生给予手把手的指导，他在书中建议搜集材料时要"竭泽而渔"，而在《满世界寻找敦煌》一书中可看到荣老师自己是如何具体操作的。在本书的第258页至第264页，荣老师提到自己去美国弗利尔美术馆看于阗公主供养地藏菩萨画像之前，准备了一些材料，包括叶昌炽日记、王国维题跋、《兰州学刊》中有关金颂清售画的记录……搜集材料要努力到这种程度，幸运之神才有可能眷顾。又如，《学术训练与学术规范》建议要"定期翻检期刊杂志"，而《满世界寻找敦煌》中，荣老师不止一次提到自己翻阅杂志的收获。如果说《学术训练与学术规范》更多是理论指导，那《满世界寻找敦煌》就是荣老师身体力行的实践篇。

《满世界寻找敦煌》也许还能引发读者对于人生意义的思考。40 年持续寻觅散佚于世界各地的敦煌文物文献，不是一件光靠毅力就能完成的事业，天赋与勤奋缺一不可，还需要眼界与格局。荣老师以自己无限的求知欲和超强的行动力展示了何为有意义的人生。"卷还是躺"的当代命题，不在他的考虑范围，他只是朝着目标，坚持走最远的路，登最高的山。

三

《满世界寻找敦煌》一经出版，即获得业界和媒体的广泛关注，入选多家好书榜单，如 2024 年 6 月《中华读书报》月度好书榜、人文社科联合书单、探照灯好书榜、5 月《光明日报》书榜、2024 年"南国书香节"十大好书推荐榜、2024 年 6 月"中国好书"推荐书目、中国出版集团好书榜 2024 年第四期等。

这本书也收到很多读者的热情反馈。也许可以说，一本书最终意义上的"完成"，一定是作者与读者的双向奔赴。本书的宣传推广阶段，我见到许多专程来听荣老师讲座的读者。在敦煌石室书轩，一位读者说，《满世界寻找敦煌》是一本"偷走我时间"的书。在短视频盛行的时代，这个评价的含金量极高。社交平台上的反馈更多。有人组织本书的共读活动，有人带着这本书沿着荣老师的足迹去了美国弗利尔美术馆、日本宁乐美术馆，还有人把书中提到的关于敦煌吐鲁番及西域文书的书目全部整理出来。在豆瓣上，本书有长书评 31 篇，短评近百条，目前评分高达 9.6 分。

这些来自读者的热烈反响，引发我对于编辑工作的思考。过去十几年以来，我所在的中华书局大众图书出版中心一直致力于向普通读者传播中华优秀传统文化。我们应该向读者提供什么样的内容？我想，像《满世界寻找敦煌》这样的作品，正是我们努力的方向。

（原载 2024 年 11 月 13 日《中华读书报》，作者系中华书局大众图书出版中心编辑）

《印篆里的中国》，八年磨出的一本好书

贾雪飞

《印篆里的中国》出版后，获得不少荣誉。作为书稿整理者，我在向作者韩天衡先生表示祝贺的同时，不禁想起最初和他见面的场景，以及这本书长达 8 年的出版史。

缘起一念之间

最早见到"韩天衡"的名字，大约是在 2010 年我撰写博士论文期间。在考察嘉靖万历年间上海玉泓馆顾氏家族的过程中，我看到韩天衡研究顾从德《集古印谱》的相关文章——了解到顾从德为何被时人称为"文化之渊薮"。虽然当时我对印文化全无了解，但沿着韩先生文章中涉及的印学话题探索开去，对明代江南文化的发展有了更丰富的认知和更深刻的理解。

2016 年 10 月，从事编辑工作 3 年后，心心念念想做

一系列中国传统物质文化图书的我，看到韩先生在美术馆做学术讲座的活动预告。于是，我在周末的早上兴冲冲地从浦东新区斜穿城市，远赴位于上海西北角的嘉定，去韩天衡美术馆听讲座。

其时，我并不太了解韩先生的准确身份和文化地位，只知道韩天衡美术馆是他将自己珍藏的1136件艺术品捐赠给嘉定区政府，于2013年10月成立的。正所谓"初生牛犊不怕虎"，在看到韩先生被众弟子簇拥出来后，我想也没想地穿过人群迎了上去。走在最前面的韩先生的弟子被我这个架势吓了一跳，但显然韩先生是见惯这种情形的，微笑地看着我打招呼。每次想起那个场景，都不禁暗笑自己鲁莽，也不禁再次感谢韩先生的包容。

那天是我第一次听一场关于印学文化的讲座。本来事前也有些担心自己听不懂或者不太有兴趣，但整场讲座听下来，发现印学不仅不刻板生冷，反而被韩先生讲得妙趣横生，之前的担心也随之化作更大的探索的决心。韩先生以他"捡漏"的故事开场，但忠告大家不要怀着"捡漏"的心态做事，强调做人要脚踏实地、扎扎实实，做事做学问更要吃得起苦，坐得住冷板凳。他娓娓道来地讲印学文化史，如数家珍地讲古代的印章精品，让我对他的学识更加敬佩——他不止是艺术家，更是一位造诣深厚的文史研究学者。

从"印篆之美"到"印篆里的中国"

2017 年，和韩先生约好要出版的图书，我们暂名之为"印篆之美"。2018 年，书稿及大部分配图基本准备好，开始进入编辑流程。但 2019 年初，随着我个人工作内容上的变动——工作重心从编辑变成对中华书局上海聚珍公司的管理——其后两年间，书稿的编辑工作基本没有什么推进。

拖延的书稿就像编辑欠下的债，一直沉重地压在我的心头。每到一年将尽梳理工作，看到放在案头毫无进度的《印篆之美》，总是充满愧疚之情，且愧疚并感谢着——愧疚我的一再拖延，感谢韩先生的一再宽容。虽然韩先生每有新文章刊出都会转发于我，但从来不催稿，只说看看是不是可以编进书内。越是感受到韩先生宽厚，我的愧疚感越是沉重。

2021 年，我下决心推进编辑进度。8 月底上海书展结束后，我开始每天用固定时间处理这部书稿。或许是因为书稿放了几年略为生疏，又或许是这几年间自己对书稿的要求有所提升，再次审读，总感觉编目及架构未能把书稿精华呈现出来，也没有把韩先生对印学的研究精髓和思想体现表达出来。9 月中旬，和韩先生当面讨论书稿架构、文章增删后，我找到统摄全稿的思路，开始紧锣密鼓地投入编校工作。但由于书稿涉及中国自秦汉以来几千年印学的历史文化，人物有 100 余位，讲到的印章更有 400 余方，处理配图、设计版式等工作颇为复杂，编辑工作且行且思，所以进度远没有预期中快。

可能是因为一年以来连续处理这部书稿，正所谓"念念不忘，必有回响"，在 2022 年 12 月下旬，我再次对着图书目录发呆时，头脑中突然划过一丝灵光：韩先生这本书不就是从印篆发展的角度讨论中国三千年的文化、五千年的文明史吗？韩先生一再强调的"出新史"，不正是中国文化新陈代谢的发展历史吗？抓住这丝灵感对书稿做了重新梳理后，我兴奋地和韩先生沟通思路，在得到充分认同后，书稿瓜熟蒂落。而书名也从意欲展现小众印学文化的"印篆之美"，变成以印学视角呈现中国文化的"印篆里的中国"。

2023 年春夏之交，随着图书编辑工作进入后期，我欣喜地得知韩先生的身体康复顺利，虽然大部分时间还不得不躺在病床上，但已经不妨碍回复消息和讨论问题。付印在即，韩先生更是为新书重新题写"印篆"二字。看到遒劲有力的笔道，我和同事不由赞叹韩先生的百折不挠，正如他自己所言，"只有发自内心的坚忍不拔，才有精神上的扛得住、拗不断"。韩先生从艺 70 余年的经历，以及和疾病抗争的毅力，无不充分阐释着他的这句话。

而《印篆里的中国》长达 8 年的出版史，也充分证明坚忍的力量。没有一本好书没经历过被否定再否定，没有一本好书没体验过被提升再提升。从书稿初成到推翻后重新编纂、提炼，从常规排版到另起炉灶确定版式和图文细节，从开本是常规还是异形、16 开还是 32 开，精装还是平装、布面还是纸面，到图书确定最终开本装帧和用纸，《印象里的中国》8 年间经历的不只是一个轮回。

（原载 2024 年 1 月 12 日"中国好书"微信公众号，作者系中华书局上海聚珍文化传媒有限公司编辑）

抗美援朝：父亲的故事，我的记忆

欧阳红

一个中国少年的朝鲜记忆

1955 年初春，湘东南偏远乡村一个刚满 16 岁的少年，面临着人生重大的抉择。新年伊始，他的父母亲决定让他停学，说他已上了 6 年学，会识字算账，一年学费 30 斗稻谷，这对一个劬劳之家而言是个不小的负担。少年内心愤懑，继续求学无望，又不想面朝黄土背朝天地蹉跎一生，彷徨之际，少年听说朝鲜战场需要补充兵源。

响应国家号召，少年瞒着父母虚报年龄参了军。由南向北，十几个省份，4 天 4 夜的火车，作为一名中国人民志愿军战士，少年随大部队来到鸭绿江边。3 月天寒地冻，部队在寂静的黑夜掩护下过江。

不久后，少年的双亲收到一封来自朝鲜的家信。双亲久居乡隅，从未听说过朝鲜，于是询问读过书的邻居，才得知朝鲜是外国，儿子正在朝鲜那边打仗呢。长子远赴异国他乡，幼子尚在襁褓，这个家不仅少了一个即将成年的壮劳力，而且此生可能再难相见，母亲不禁悲从心来。

入朝之初，新兵们都是远离故土，少年是其中年纪最小的，因而时常被一群大哥哥照顾着。大家把好吃的让给他，哄着他，少年新兵在部队里平生第一次吃到苹果。部队去修路修墓，大哥哥们让少年新兵在旁边学着看着，尽量少干。

新兵训练结束后，少年成为一名通信兵。朝鲜地形多山，道路崎岖难行，通信兵常常需要骑马送信。在朝鲜，来自南方的少年第一次见到马，并学会骑马，后来他常常独自一人骑行，跋山涉水，在黑夜里疾行。

由于写得一手好字，不久少年就进入连队做文书，帮助处理日常文件。他为人开朗活泼，在部队里不仅学会唱歌跳舞，还学会拉二胡、吹口琴、吹箫。

闲暇之际，少年会和战友们在海滩边上抓鱼。大冷天时，很多鱼被冻僵了不会跑，海水退潮后的洼地、人脚踩过后留下的小水坑、岸边的石块下都挤满了鱼，少年和战友们总是一大盆一大盆地往回装，让炊事班的战友烧成美味大家一道解馋。讲到部队伙食，多年后他仍然能回忆起那些味道——米饭、包子、馒头、大豆，还有每人每月定量供给的肉。吃米饭长大的少年在部队爱上了面食，即便后来回到南方也久吃不腻。他还时常想起一位来自穷苦农村的战友，因为在家时常不能饱腹，到了部队后就特别能吃，甚至一次能吃掉十几个大包子。

大部队换防行军的时候，一般要昼伏夜行，大队人马扛着背包和枪静悄悄地走。有命令传达时，要根据提前设定好的暗号与暗语，一个接着一个口耳相传。

南方来的士兵对朝鲜的冬天记忆特别深刻。冬夜轮岗放哨，他要时刻保持警惕，身体被冻僵了也不能发出任何声响。瞌睡更是不能打，因为打一个哈欠的工夫，就可能挨冷枪。夜里气温低至零下三四十摄氏度，一个班的战士晚上睡一张大通铺。通铺下是取暖的土炕，班里的战士每晚轮流负责烧炕，若遇上炕没烧旺或是半夜熄了火，靠近炕口睡的人就要挨冻，第二天起来大家的靴子会被冻得紧紧粘住地板，那时战友们只能一起用铁锹、镐头铲下靴子继续穿。

在朝鲜的 3 年，目之所及皆是被战火毁掉的荒凉，"山上基本上没有什么树，山坳上的土都被轰炸得翻过来了"。他和战友到处去修桥修路，还要时常帮助当地农民恢复生产。那时做得最多的事就是运送和竖立大理石碑，为志愿军烈士修缮墓园，共同出生入死的战友，一边干活一边流泪。

1958 年，少年跟着大部队离开朝鲜。回国时，朝鲜百姓带着吃的来送行，志愿军战士们在火车上泣不成声，火车两旁扒满依依不舍的百姓，火车启动后，人群还跟着慢慢移动……

这些，就是父亲以前给我们兄妹常讲的故事，他自己的少年故事，是我关于抗美援朝最初的记忆。8年前仲夏，父亲归山，我再没有这样的故事听了。

一位青年导演对抗美援朝的致敬

2023年夏天，在上海的一次研讨会上，我认识了青年电视导演秦远，听他讲起抗美援朝老英雄的故事。他提到，2020年，中共中央、国务院、中央军委向参加抗美援朝出国作战的、健在的志愿军老战士、老同志等颁发了"中国人民志愿军抗美援朝出国作战70周年"纪念章。我立即来了兴趣，问秦远得到纪念章有什么要求？是要出过国打仗吗？还是以时间为限，比如1953年停战协议签订前入朝的人？他回答我，他听到的消息是"以过鸭绿江为准"。我继续追问，那1955年去的人有没有纪念章？他说应该有。我颇为遗憾，父亲如果在世的话，应当也有纪念章了。谈话中，秦远感叹自己采访的对象张计发老英雄前不久去世了。他说他正在整理采访志愿军老战士们的文稿，这些英雄太了不起了，都是国家的功臣，随着时间的流逝，在世的英雄越来越少，他很想让更多的人知道他们，记住他们。

我问秦远能否给我读读，次日即收到他传来写张计发的文稿。读完后我被震撼了，便向他发出出版邀约。我知道，我一直想为纪念抗美援朝做些什么。

讨论书名时，秦远提到自己导演的抗美援朝纪录片，其中一部的片名即以"应战"开头，创作目的就是向那些敢于应战的志愿军老战士致敬。我也感觉"应战"二字很契合书稿的内容，就建议作为主书名。书稿中写到的14位老英雄，有的虽然是一级战斗英雄，但他们中大多数人并不为大众熟知，因此我们商榷用第一人称"我的抗美援朝"作为副书名。就这样，关于书名我和秦远很快达成一致。尤为可贵的是，这本书由著名军事专家徐焰、姚有志、罗援、齐德学、彭光谦5位将军联袂推荐，由此也可以看出这些军事专家对秦远的大力支持和对这本书的高度认可。后记的结尾，秦远的文字道出我们共同的心声："致敬参加抗美援朝的老战士们，致敬这段中国人民的共同记忆，致敬这段艰苦卓绝的伟大历史。"

2023年11月23日，第十批中国人民志愿军烈士遗骸历经70余载风雨荣归故里，这一天《应战：我的抗美援朝》正式面世，这本书是秦远对14位老战士的真实采访，是14位老战士关于抗美援朝的最真实记忆。

一个女儿对父亲的最好纪念

人们常说新书的出版是作者与责编的一次圆梦，但于我而言，这本书的出版却是我的一次救赎，帮我理清思路记下父亲讲过的故事。父亲年迈后，我与他远隔千里，聚少离多，即便是短期回乡，我也多是忙自己的事，听他念叨起在朝鲜的往事，我已不再有儿时的新鲜劲儿和猎奇心，常常不置可否，这让父亲变得有些寂寥和寡言，渐渐地不再提他年少时的事。8年前父亲离世后，他的故事好像一并随他走了。

我虽是学历史出身，亦仰赖做历史书安身立命，却缺乏史家的眼光，从未有过把这些真实的事情写下来的自觉。编辑秦远的书，读秦远书中抗美援朝英雄的故事，打开了我记忆的闸门，脑海中父亲的形象又鲜活起来，之前父亲讲的一桩桩一件件事像雪片般飞来，原来它们一直不曾远去，只是暂时封存。但仍有遗憾的事——父亲讲述过的朝鲜地名，他去过的是东西哪个海岸，我都记不得了。和秦远讨论书稿时，我讲起父亲的一些往事，秦远说："往后书出来了，您烧了它，送老爷子一本。"我父亲是一名普通的志愿军老兵，到过朝鲜却没有打过仗，更没立过功，他心心念念大半生在朝鲜的往事和在那儿挥洒过的青春和热血，直至去世数年后才有纪念章来证明。惜乎他已归道山，无缘亲见。若他泉下有知，知道我要送一本关于抗美援朝的书给他，我想他肯定会很高兴。

（原载2024年第1期《中国青年》，作者系中华书局近代史编辑部编辑）

1831 年，一个中国病人的跨国外科之旅
——《何鲁之死》编辑手记

吴艳红

　　这是一个令人唏嘘的真实历史事件，发生在 1831 年。一个不知名姓的 32 岁中国男青年（何鲁只是根据他在《柳叶刀》上的粤语拼音"Hoo Loo"推测的中文名，充其量只是一个符号）生殖器上长了一个重达 56 磅的巨瘤，求治于来华西医郭雷枢。郭雷枢为了向中国人显示英国医学的昌明，请求东印度公司资助何鲁去英国伦敦的盖伊医院，由他的老师库珀通过外科手术医治。何鲁是带着憧憬去往异国他乡的，他希望自己能成为一个"完整的男人"荣归故里。

　　外科医生碰上这样的病例，是非常兴奋的，他们很少有机会处理如此巨大的肿瘤。何鲁之前，还没有一个病态的中国人出现在英国公众面前。何鲁的畸形身材满足了英国人的好奇心和对东方人的想象。1831 年 4 月 9 日，观

看何鲁手术的数百名伦敦市民挤满了大解剖阶梯教室，何鲁被绑在手术台上，在没有麻醉的情况下，进行了1小时44分钟的手术，最后死在手术台上。

时间过去近200年，复旦大学高晞教授以"何鲁之死"为关切点，搜集海内外一手史料，将何鲁之死的真相、细节及影响进行了鞭辟入里的分析，著成《何鲁之死——1831年震撼全球的医疗事件》。

缘起："何鲁"萦绕在心近40年

"如果早10年，即使我掌握再多史料，也写不出来这本《何鲁之死》。冥冥中好像有种缘分，牵引我偶遇一些极难得、极有价值的史料，随之而来思考变得更加全面、通透，可以说此刻出版正当其时。"高晞教授说。做出高质量的学问，除了穷尽史料，特别是极细微的史料细节，更需要通透的眼光和强烈的问题意识。

作者高晞"认识"何鲁快40年了，但他一直是一个模糊的身影，既不知他长什么样，得的什么病，也不知他是怎样去英国的，更不知他为何会死在医学昌明的伦敦，种种疑问，萦绕在心，挥之不去。我与何鲁的相遇，则是在2020年责编的《西医来华十记》中。苏精教授在书里用短短2000字叙述了何鲁的故事：何鲁生了肿瘤，去英国做手术，被众人围观，无麻醉，死在手术台上。他的全身像和肿瘤解剖图公布在权威医学杂志《柳叶刀》上。至于谁送他去的英国，他死后有何影响，等等，并无细谈。

高教授正是在苏教授的帮助下，获得东印度公司的一手英文史料，特别是 1831 年何鲁在《柳叶刀》上的画像，对何鲁故事有了研究的契机。在查阅海量史料的过程中，高教授陆续发现另外两张画像，这个故事就基本成型了。

历史研究不能剥离掉附着在历史规律背后的丰富的历史细节。何鲁性格如何，是怎么去英国的，坐的什么船，航行了多久，死后葬在什么地方，这些细节似乎无关宏旨，但历史是由细节构成的，弄清楚这些，我们才能看到一个具象化的何鲁，设身处地感受他的苦难和疼痛，理解他的希望与恐惧，建立在此基础上的研究才更有温度。

是何鲁三像，还是何鲁之死？

高教授原来提供的主书名为"何鲁三像"，本书结构也是聚焦有关何鲁的三幅画像——1831 年《柳叶刀》上刊载的何鲁及其肿瘤画像、1831 年约翰·道尔绘《何鲁朱，别名约翰牛和医生们》的政治漫画、1982 年艾伦绘何鲁像，从慈善医疗、国家形象、医学传教三个角度立论，非常贴切。但这不能让读者当下理解，唯有翻阅全书才会恍然大悟，似乎缺少直击人心的震撼力。我在编辑过程中，感受到唯有"何鲁之死"这四个重若千钧的汉字才能表达心中的震撼。

高教授在一次一次校稿过程中，一遍又一遍地进入这则历史事件，深切地感受到何鲁之死的震撼力，他的死是悲壮的。她说："这个'死'字，道尽了这个历史事件的前因后果，展现了近代外科学技术进步的艰难历程。这场震撼全球的'手术台上死亡事件'，后来人在重复或反思这个故事时，为历史叙事和事件建构创造了充足的想象空间。它充分反映了历史的偶然性，有时掀起一阵社会大波澜并不一定是什么大人物和大的历史事件，一个小人物之死足以反映出社会文化甚至观念的变迁。"从排斥"死"字到觉得恰如其分、非此不可，何鲁之死深深地印在作者的心里。

是医疗事故，还是医疗事件？

我在报选题时，存了些许小心思，"医疗事故"比"医疗事件"更易产生猎奇心，而何鲁手术很难定性，似乎称为"医疗事故"也不为过。但在最后定名时，还是抖落了并不纯粹的"巧思"，回到事件的本来面目。作者高晞的观点非常客观，甚至克制，不会捏造耸人听闻的"卖点"博人眼球，何鲁手术只是一例失败的手术而已。

手术团队对何鲁是和善而负责的，而麻醉术、消毒术尚未发明是当时外科技术的短板，医生们并不存在误操作。手术团队起初想尽量保住何鲁的生殖器，经过长时间手术操作，出现不良预后，何鲁的神经遭到破坏，多次昏厥，医生们最终不得已舍弃了生殖器。发表在《柳叶刀》

上的尸检报告证明，何鲁的巨瘤是良性的，并未危及生命，如果保守治疗，是不会死的。人们事后对应不应该手术提出探讨，就外科医生在技术冒险与医学道德间的权衡进行反思。这些事后探讨并不成其为界定"医疗事故"的理由。何鲁手术虽然失败了，但它是外科学史上绕不开的经典案例，以沉痛的生命代价推动了外科学的进步。

封面是故事之"眼"

作为非虚构历史叙事，我们想在封面上呈现真实的历史细节。于是挑选了何鲁做手术的盖伊医院局部图，和何鲁的第三幅画像——1982年盖伊医院请画师艾伦依据《柳叶刀》上的形象绘制的——放在封面上。何鲁像特意缩得非常小，因为何鲁并不愿意频频向医生展示他的病体，"每次医生让他暴露肿瘤，他都很不情愿，也显得无奈，暗示此举徒劳"。

封底上是一艘帆船——"阿索尔公爵夫人"号，何鲁正是在这艘帆船上漂泊了3个月才来到伦敦。如果没有这个历史细节，我们可能会想当然地以为何鲁乘坐的是大轮船。联系到1830年代的科学技术成就，虽然轮船已发明，大概离商用普及还是有一段时间距离的。正是在"医学地理学"思想影响下，1831年《柳叶刀》提出长达3个月的海上旅行对何鲁的健康是有影响的，旅途中的空气变化导致他的肿瘤实质性增人。

何鲁的画像让我们看到他的模样，他的目光坚定和善，是温柔敦厚的中国人形象，巨大的肿瘤衬出一种淡淡的悲哀。他置身于大自然中，变得鲜活真实。我们似乎能感受到他的痛苦与希冀，似乎跟着他坐船颠簸，来到预示新生的盖伊医院。

封面上显示的是充满希望的前半段故事，可惜后面的情节急转直下，令人哀痛。

历史细节藏在图片里

本书配有48幅珍稀历史图片。以英国的医学报告、媒体报道、政治漫画、何鲁画像和博物馆展览为基本史料，将何鲁置于19世纪欧洲外科学生态环境考察东西方医学的真实差异，为读者展现何鲁事件的鲜活场域和广泛影响。

何鲁的第一幅画像，肿瘤切除后的皮瓣已缝合，生殖器也重新缝合回去，何鲁双手握紧的拳头，呈现了他临终前的痛苦状态。

还有许多值得一说的隐含丰富历史信息的图片。图注经过精心打磨，像画外音提示着细节。比如，本书配的第一幅图就是郭雷枢与东印度公司往来信件，图注写道："何鲁故事肇始于这两封信件。1830年11月13日，英国东印度公司收到所辖助理医生郭雷枢请求送中国人何鲁去英国治疗肿瘤的信件。考虑到何鲁病例可能会扭转中国人对英国人的态度，东印度公司复信表示愿意承担何鲁的航行旅费。这两封信淹没在东印度公司浩瀚的文档中，封存了近两个世纪。"郭雷枢是何鲁手术事件的穿针引线者，又是西方医学慈善的代表性人物。这两封信作为"引子"，道出了故事的缘起。

另举一例，郭雷枢与夫人卡罗琳的结婚像。图注里讲了一个小故事。郭雷枢与美国少女罗哈蕊相识已久，罗哈蕊在日记里说："他是我见过的最好的人，每个人都喜欢他，所有人都对他赞不绝口，可惜他还是一个单身汉。"郭雷枢因给罗哈蕊的闺蜜卡罗琳看病结识卡罗琳，而后与卡罗琳相恋、结婚。罗哈蕊的日记从侧面证明郭雷枢本人有着乐于助人的和善性格，与1838年郭雷枢离开澳门回国时华人挤满河滩相送的情景遥相呼应。

另有《柳叶刀》《泰晤士报》《讽刺作家》等当时刊物对何鲁手术进行报道的文章图片，如《柳叶刀》刊载何鲁手术论文，《泰晤士报》刊载《中国人何鲁在盖伊医院接受肿瘤手术》，《讽刺作家》刊载《何鲁的葬礼》，等等。

这些历史图片像拼图一样，从各个角度丰富着何鲁之死的细节。

方便读者把握外科学史发展轨迹

除了叙述、分析何鲁事件本身的来龙去脉、历史真相和回响，我们特意设置附录，一为何鲁事件大事记，一为图表说明，一为史料。

何鲁事件大事记，除了记录何鲁事件的整个过程及当时影响，还记录当代回响及外科发展大事件，尤其是麻醉术、消毒术的发明。

1846年，乙醚麻醉术刚进入临床使用，凯医生就成为英国第一批使用麻醉术进行结石手术的外科医生。1847年，匈牙利妇产科医生塞麦尔维斯主张用漂白粉溶液给接生人员的双手和接生器械消毒。1865年，英国外科医生李斯特为一位断腿病人实施手术，选用石炭酸溶液作为消毒剂，并实行一系列的改进措施，包括：医生应穿白大褂、手术器具要高温处理、手术前医生和护士必须洗手、病人的伤口要在消毒后绑上绷带，等等。1900年奥地利细菌学家兰德施坦纳发现人类的ABO血型系统。……

附录里提供的这些信息告诉我们，何鲁实施手术的1831年，麻醉术、消毒术都未发明，输血术也不完善。何鲁的死因后来被判定为"失血过多，超长时间手术导致病人疲劳及疼痛破坏了神经系统"，就是说他是活活疼死的，难怪时人极端地评价说："现代外科学就是一个吸人血的吸血鬼。"

拉长时间段来看，外科学史的每一步前进都是以何鲁这样的病人的死亡为代价的。科学进步对人类社会的贡献和对生命的意义有目共睹。

史料则翻译了《柳叶刀》1831年4月16日刊载的何

鲁手术论文及《泰晤士报》1831年4月11日报道的新闻《中国人何鲁在盖伊医院接受肿瘤手术》，帮助读者进入当年伦敦"满城皆谈何鲁"的历史语境里，洞悉何鲁之死在英国造成的震撼。

尾声：相遇与联结

作者高晞在书稿即将完成之际，偶然浏览新西兰旧书拍卖网，"妙手偶得"一张图片——主刀医生凯在何鲁手术结束后，送给现场为何鲁献血的19岁医学生福特的《论血液、炎症和枪击伤》一书的扉页，上面有凯的致谢和签名。就如拍卖网上说的："那天出门时，福特并不知道自己最终不仅仅是一个旁观者……"而高教授也不是一个旁观者，她用历史细节构画了何鲁之死的真相。

《何鲁之死》一书出版后，高教授于9月2日携书来到英国伦敦盖伊医院，再次寻访何鲁留下的印记。盖伊博物馆的管理员非常激动，动情地说："何鲁是个名人，我们从没有忘记他。"是的，他们的教室里还贴着何鲁的第三幅画像，学生一上课，就能看到他的巨瘤——他以他的病体对外科学史作出了贡献。

历史充满偶然性，小人物也能掀动大历史，引发社会观念的变化。随着《何鲁之死》的面市，何鲁的故事终于在他的母国被"看见"。

作为中国人，我们将他遗忘得太久了。在科学技术昌明的今天，我们更应该记住他，记住他曾经为外科学发展付出的代价，记住医学从来不是单纯的技术，更是充满温度的人与人之间的联结。

（原载 2024 年 11 月 8 日《文汇报》，作者系中华书局上海聚珍文化传媒有限公司编辑）

"秋实"之际遇《春华》

刘冬雪

　　大地一岁，春华而秋实；书局一岁，赴书香之约。形式虽属"殊途"，表征却又"同归"，硕果累累、岁物丰成是对田间庄稼人最好的回馈，而记录工作中一点一滴的感悟与思索，将相关文章结集出版，一岁一册，是对中华书局（以下简称"书局"）人最好的激励。书局编辑出版员工文选——《春华集》始于2015年，年年出，未中断，已成为企业文化的一部分。《春华集》采取一年压一年的方式，新一年结集出版书局人发表于上一年度的文章。2023年12月，《春华集——中华书局员工文选（二〇二二年）》出版，置之于"大部队"中，则位列第九。将9本书并排摆放在书架上，一眼望去，会令人生发出"岁月无痕亦有痕"的感慨。

　　我与《春华集》之间的缘分可谓不浅，曾有幸编辑加工过其中的两本。我一度被借调到上级单位工作，2023年的金秋时节，当我返回书局工作后，竟然如期与书稿"相遇"了。"秋实"之际邂逅《春华》，实乃我职业生涯中的小确幸。在我的心目中，《春华集》是一块文字集散地，思想的碰撞展现其间。"编辑手记""书里书外""学林散叶""百川学海""艺文类聚"……众多篇章之下分类编排，文章内容精彩纷呈。更为重要的是，文字的背后可以看到人的影子，那是一个个活生生的书局人。

补排文章、修改标题、阅看清样、交流细节……很多环节都在考验着我的沟通技能，于我而言是一种很好的锻炼。在编校过程中，除了面对面的交流，我更是透过文字进一步了解我亲爱的同事们。有的同事性格沉稳内敛，文字却很热情奔放；有的同事非常年轻，驾驭起文字却十分老到；有的同事编辑力强悍，当我提出考虑修改《包大人和展昭破案那么辛苦，伙食能跟上吗？》这一题目，可以不假思索地起出《大城小调——〈东京梦华录〉里的四季烟火气》这样温暖治愈的好标题；还有的同事研究力超群，平日里不显山不露水，但博学多才、满腹经纶，考据、分析样样在行，文字中尽显学者风范。可以说，透过《春华集》，我看到了书局人的另一面，与平日里在楼道中、食堂里相遇之所见同样真实与鲜活，这些不同的面相共同构成了新时代书局人的精神风貌。

翻开一本《春华集》，首先映入眼帘的便是衬页上的文字："春发其华，秋收其实，有始有极，爰登其质。"语出《后汉书》卷五十二《崔骃列传》。我慢慢领悟到，把这句话放在如此醒目的位置上，其实既为点题，揭示书名来历，也为突出本质之"质"，它寓于书局人的初心之中，虽无形无状，却时时刻刻"在场"，充盈在我们书香缱绻的工作氛围内，更浸润在书局人年复一年、日复一日养成的精气神儿里。

泉涌般的才思积小流以成江海，汇聚成9本布面精装的书籍，正如几代书局人的不懈奋斗，积跬步以至千里，使我们这些年轻的后辈，前不久才有机会共同为112周岁的书局庆生。人们常说，书局是出版社中的"百年老店"，历史底蕴深厚。如果将书局拟人化，我们会看到，他在一步一个脚印往前走，他欣赏过很多个金秋的盛景，更是抓住了这些收获的季节，没有辜负早春乍暖还寒时节的辛勤播种，积累了丰厚的"果实"作为继续前进的家底。

2023年秋冬之交，书局领导在我们的工作系统中留下这样一句美丽的批语："《春华集》，一年一本，像岁月的璎珞，串起书局员工多彩的表情包。"富有诗意的言语中闪动着一丝俏皮，背后有丰沛的情感作为支撑，令人不由得感慨：共赴热爱，初心如磐，岁月无痕亦有痕。《春华集》像是一扇窗，让我们在时光的滴答声中，看见水滴石穿的坚守，体悟书局历经风雨屹立不倒的顽强生命力。

我相信，做书人与"自己的书"之间的双向奔赴，仍会跨越山海，长久持续，忠实记录书局人寓于山重水复与柳暗花明之中的每一步成长。

（原载 2024 年 1 月 22 日《藏书报》，作者系中华书局大众图书出版中心编辑）

百岁种新莲

刘　丽

2024 年 11 月 24 日，叶嘉莹先生仙去。得知消息难过之余，想到自己曾经为她生前最后一套书所做的设计工作，心里有了些许安慰——见证并参与她留给世间这 10 粒莲子的工作，整个设计过程也是我表达对她的认识和敬重的过程，是我职业生涯中一段弥足珍贵的经历。中华书局 2024 年 10 月推出的《迦陵书系》是叶嘉莹先生百岁华诞的精装纪念本，共 10 册，包括《叶嘉莹说杜甫诗》《叶嘉莹说初盛唐诗》《迦陵讲赋》《唐诗应该这样读》等，全面展示了叶先生一生古典文学研究和创作的成就。叶先生拿到书非常喜爱，并坚持购买几十套分赠身边的医护人员，成一时佳话。

2024 年 7 月接到承担《迦陵书系》设计任务时，我的心情十分激动。叶嘉莹被称为"最后一位女先生"，不仅因为她在古典文学领域的卓越贡献，还因为她对女性在学术界地位的提升起到重要作用。怎么才能在这套书籍装帧中既体现上述精神，又展现出一种灵动的时代感，从而提高读者的阅读体验呢？

经过一段时间的整体考量，我决定封面采用布面精装，以体现这套书厚重的分量；在设计形式上，通过合理的颜色运用增强层次感，传递出每本书的不同情感。经过遴选，我最终选用了东洋细布。这款布的含棉量高，拿在手里有一种特别的舒适感。其后又经过和编辑逐一讨论，从15种颜色里面确认10种能体现图书风采的颜色。

设计的重点是每本图书封面上的图案，这让我绞尽脑汁。根据叶先生的经历、所体现的精神，以及她本人的气质，我认为以一种中西合璧、带有古典意趣的拼图设计方案呈现，比较贴合。思路既定，我一头扎进中国不同时期的古代图案中，寻找各个拼图的元素。比如在设计《叶嘉莹说汉魏六朝诗》时，封面图案选用西魏时期敦煌壁画285窟的鹤纹，图案左右镜向、上下交错。让人意想不到的是，这么传统的图案拼接完成后非常惊艳，很具有当代视觉的效果。选用鹤纹还有一个特别的意义，鹤象征高洁、长寿和吉祥。因此，达到古代图案与古典诗词的共情，与读者的共情，与当下的共情。在深蓝色的布面上烫浅蓝色漆片，使颜色相呼应且十分稳重。因为叶先生在国外生活多年，丛书名《迦陵书系》下面设计了一个左右对称的西式小叶子的图案。主书名中"叶嘉莹"三个字用了先生的亲笔签名，增加了这套书的亲切感和标志感。又比如《叶嘉莹说陶渊明饮酒及拟古诗》，陶渊明使人联想到辞官回乡种田，于是就选用清代砖雕小草的图案等。书的环衬选用大地纸米白色，和封面颜色一深一浅，相得益彰。

翻开这本书，内文版式从视觉上有透气感，上下切口的留白和左右留白边距都是从视觉上形成黄金比例的关系。内文书眉左页双码书名，右页单码章节名，形式统一，方便阅读。正文体例处理清晰、层次分明，文字设定到位，空间处理得当，视线流疏朗。

另外，我还为《迦陵书系》设计了藏书票。因为叶先生的小名叫"荷"，所以我选了 10 种不同的荷花作为图案。

叶嘉莹先生生活简朴，却将一生的积蓄慷慨捐赠给南开大学教育基金会，用以助推中国传统文化的研究与发展。她说："我的莲花总会凋落，我要把莲子留下来。"她一生向往美、追求美，把中华古典诗词中的美带给更多的人。希望更多读者获益于叶先生的百岁新莲。

（原载 2024 年 12 月 30 日《新民晚报》，作者系中华书局美术设计部编辑）

书
里
书
外

为什么陈寅恪说中国文化之定义具于三纲六纪?

张继海

陈寅恪在《王观堂先生挽词并序》中说："吾中国文化之定义，具于《白虎通》三纲六纪之说，……犹希腊柏拉图之所谓 Eidos 者。"这篇《序》很有名，但读者读到这里，多少会有一些疑惑：为什么这么说呢？三纲六纪之说是什么，它能定义传统的中国文化吗？恐怕当代人不是很清楚，而关于《白虎通》一书，平常也很少有人注意。今天我们就说一说。

我们仍然从《王观堂先生挽词并序》说起。1927 年 6 月王国维自沉昆明湖之后，陈寅恪先后作了挽联、七律挽诗和挽词，以及稍后写的挽词前的小序。对于《挽词并序》，近年来研究比较深的是彭玉平先生（其文见《文艺研究》2021 年第 4 期），读者可以参看，本文只想对其中的一点稍作阐发。

挽词很长，用典很多，要完全读懂不是很容易，幸好前面的序已经概括其大旨。我把序用大白话翻译一下，其大意是说：王观堂先生的死是殉道，殉中国文化的道。他对这种文化浸染如此之深，当这种文化没落乃至衰亡时，他就只有以死明志，杀身成仁。中国文化最核心的部分，就是《白虎通》里面说的三纲六纪。这套思想依托于社会经济制度，只要社会经济制度还在，那么纲纪思想就可以存续，所以过去虽然有佛教传入中国，提倡男子出家，是无父无君的表现，悖逆纲纪，但由于传统的社会经济制度仍在，所以佛教并未对纲纪产生巨大的冲击。但是鸦片战争以来，列强入侵，近代资本主义工商业摧毁了小农经济，从社会结构到国体政体，都发生巨变，三纲六纪赖以生存的政治和社会基础已不复存在。晚清至民初，中国经历了三千年未有之大变局，而纲纪思想亦扫地而尽。遭此巨变，"则此文化精神所凝聚之人，安得不与之共命而同尽"，这就是王观堂先生不得不死的真正原因。

陈寅恪的序，给了王国维的死一个文化上的解释，是一种拔高和升华，使王国维的悲情色彩更浓，人格更高大，志节更令人崇敬。其实陈寅恪比谁都清楚，殉道与殉清在王国维身上其实是一致的，并不矛盾。他的挽词开篇四句是：

汉家之厄今十世，不见中兴伤老至。

一死从容殉大伦，千秋怅望悲遗志。

这几句已经揭示了王国维的心理世界。"汉家之厄"是借汉说清，指清朝入关后的皇帝已历十世。下面三句是说，而我已至暮年，却不见皇朝中兴，故以一死来表明我所坚守的纲常，千秋之下，令人悲念和追怀我的遗志。这里出现的"大伦"，就是前文说的三纲六纪。

说了半天，三纲六纪究竟是指什么？《白虎通》卷八《三纲六纪》曰：

> 三纲者，何谓也？谓君臣、父子、夫妇也。六纪者，谓诸父、兄弟、族人、诸舅、师长、朋友也。故《含文嘉》曰："君为臣纲，父为子纲，夫为妻纲。"又曰："敬诸父兄，六纪道行，诸舅有义，族人有序，昆弟有亲，师长有尊，朋友有旧。"

我们看到，三纲和六纪都是指人伦关系，合起来是 9 种关系。其中，三纲的重要性又高于六纪，六纪都是由三纲派生、演化出来的。在三纲里面，君臣关系又最为重要，君为臣纲排在三纲之首。

那么，什么是"纲纪"呢？《白虎通》说："纲者，张也；纪者，理也。大者为纲，小者为纪。所以张理上下，整齐人道也。"纲与纪分别从大、小两个方面来规范人世上下彼此之秩序，而以"整齐人道"为终极目标。人要想在社会上立足，就要处理好各种人伦关系，面对不同的人，本人相应的社会角色也就不同，在家庭和家族内、在乡里、在朝堂上、在朋友之间，都有一套行为规范和准则需要遵守。

《白虎通》还给这些关系赋予特别的解释，使其具有某种神圣的色彩而不可违抗："三纲法天地人，六纪法六合。君臣法天，取象日月屈信，归功天也；父子法地，取象五行，转相生也；夫妇法人，取象六合阴阳，有施化端也。"

"三纲"之说其实不始于《白虎通》，早在董仲舒的《春秋繁露》中就已经出现。《春秋繁露·基义第五十三》："君臣、父子、夫妇之义，皆取诸阴阳之道。""王道之三纲，可求于天。"已经把三纲落实为君臣、父子、夫妇三组关系。《深察名号第三十五》则提出"循三纲五纪，通八端之理"。根据清末苏舆的《义证》，我们还可以知道其他文献也有对"三纲"的说法，对有些名词如"五纪"的具体含义则不能确指，反映出西汉时有的概念还在形成和演化中，而到《白虎通》里则完成经典化、体系化和集成性的解释。

《韩非子·忠孝第五十一》："臣之所闻曰：'臣事君，子事父，妻事夫，三者顺则天下治，三者逆则天下乱，此天下之常道也，明王贤臣而弗易也。'"说的正是君臣、父子、夫妇三组关系，而且单方面强调臣事君，子事父，妻事夫，这不禁让人怀疑，三纲之说的起源甚至更早，而且可能是综合了儒家以外不同学派的说法。

相比于三纲六纪，更为中国人所熟悉的是五伦。《论语·微子》曰："欲洁其身，而乱大伦。"朱熹集注："伦，序也。人之大伦有五：父子有亲，君臣有义，夫妇有别，长幼有序，朋友有信是也。"朱熹说，人之大伦有五项，代表了传统中国人的普遍共识。前面我们引陈寅恪的挽词，其中也出现"大伦"一词，含义微有区别。《孟子·滕文公上》对五伦的产生作了一个历史学的解释，孟子说："人之有道也，饱食、暖衣、逸居而无教，则近于禽兽。圣人有忧之，使契为司徒，教以人伦：父子有亲，君臣有义，夫妇有别，长幼有序，朋友有信。"《中庸》也有类似的说法："君臣也，父子也，夫妇也，昆弟也，朋友之交也：五者天下之达道也。"在五伦的排序中，《孟子》是先说父子，再说君臣，《中庸》则是先说君臣，后说父子，这是二者的不同。《中庸》的时代晚于《孟子》，其说当属后起。五伦中的前三项，即父子、君臣、夫妇，逐渐演变成后来的三纲，并且把君臣关系放在最前面，由首先强调血缘亲情演变成首先强调政治等级和国家秩序，这是国家机器成熟之后对最基本的三项人伦关系作出的重新安排和设计，背后自然有深意存焉。

三纲其实还有更早的来源。比如《周易·序卦传》就对天地开辟以来的人类社会发展有一个概述："有天地然后有万物，有万物然后有男女，有男女然后有夫妇，有夫妇然后有父子，有父子然后有君臣，有君臣然后有上下，有上下然后礼义有所错。"看到没有？夫妇、父子、君臣三组关系都在里面，而这个次序也是符合人类社会的发展先后的。从夫妇、父子、君臣之序，到父子、君臣、夫妇之序，再到君臣、父子、夫妇之序，时代在变，所强调的重点也在变。

即使强调君臣关系的重要，但是在古代社会的早期，也并不规定臣对君的绝对服从。最明显的是孟子对齐宣王说的话："君之视臣如手足，则臣视君如腹心；君之视臣如犬马，则臣视君如国人；君之视臣如土芥，则臣视君如寇雠。"（《孟子·离娄下》）只是越到后来，君主的专制集权愈发达，臣下变得只有尽忠的份儿，皇上无论多坏，或多么昏庸无能，都只能尽力规劝或辅佐。发展到最后，就是臣子的愚忠，国亡则要死节，"主忧臣辱，主辱臣死"。陈寅恪在序中说"若以君臣之纲言之，君为李煜亦期之以刘秀"，反映的就是中国封建社会后期的这种权利和义务不太对等的有些畸形的君臣关系。

回到王国维自杀一事，简单地说，他就是为这种君臣大义而死。陈寅恪为他找到的理由，是为中华文化而死，其根柢则在三纲六纪，特别是其中的君臣之纲。这是我们生活在今天的人很难理解的。有人会问：吃朝廷俸禄的人多了，世受国恩的人多了，蒙皇帝知遇之恩的人也多了，当国亡主辱之时，别人都没有殉节，没有去死，为什么王国维单单心里过不去，非要寻死？笔者揣测，那是因为他把这种君臣大义领悟得极深，内化到自己的骨髓里，流淌在血液中，而且必须见诸行动，知行统一，才能实现心理平衡和与自我的和解。君臣大义，在别人只是嘴上说说而已，而对于王国维，则必须在行事践履上体现，由见道、悟道而体道、行道，一以贯之。陈寅恪说："凡一种文化值衰落之时，为此文化所化之人，必感苦痛，其表现此文化之程量愈宏，则其受之苦痛愈甚；迨既达极深之度，殆非出于自杀无以求一己之心安而义尽也。"这几句话道出王国维隐藏的心曲。王国维的自沉，应该与历史上的伯夷叔齐不食周粟、鲁仲连义不帝秦、陆秀夫负帝投海作同样之理解。

"吾中国文化之定义，具于《白虎通》三纲六纪之说"，这句话看似平淡，实则极深刻。两千年来，中国人都处在这种思想的控制之下，它维持了传统社会的超稳定状态，也扼杀了一般大众的想象力和创新活力。如果不是有陈寅恪的这篇序，现代很多人还不知道三纲六纪之说，最多知道有三纲五常。而记载三纲六纪之说的《白虎通》，这部书读过的人就更少。

《白虎通》也叫《白虎通义》，是东汉初年儒家思想成为主流意识形态时，由皇帝主持，诸多大儒集体讨论议决的一部纲领性文献，阐释和解答了政治制度、社会文化、伦理道德、生活礼俗等各方面的核心概念和价值体系，体现官方意志，反映了汉朝人的宇宙观和价值观，内容极为丰富，是探求古人思想世界的一座宝库。中华书局的"三全本"最近增加了《白虎通义》这一品种，感兴趣的读者可以了解一下。

（原载 2024 年 7 月 29 日"中华书局 1912"微信公众号，作者系中华书局副总编辑）

采撷中华名句精华　了解经典微言大义

吴艳红

"书读百遍，其义自见。"背诵，是亲近原典的一种方式，但背诵、理解加运用，无疑是最切近、最有效的途径。复旦大学陈引驰教授主编的"中华经典百句"便是这样一套摘录原典语句并加以解说、运用的开放性丛书，对于从源头学习经典的青少年、想要了解经典微言大义的大众读者都是方便法门。

中华书局 2024 年推出"中华经典百句"第一辑 6 种，体例上大体包含原文、注释、译文、解说，原文采撷精华语句，注释、译文力求准确简洁，解说则各尽其妙，既融会学界前沿成果，又有作者的妙赏，不妨看成一篇篇小美文，欣赏作者如何在方寸间自由腾挪，说理譬喻。

就《周易》而言，多数人所知的不过"天行健，君子以自强不息；地势坤，君子以厚德载物""穷则变，变则通，通则久"等几个已成俗语的句子，对其大貌和精华很难一一掌握。《周易百句》摘选了88个主题、百余句子，让读者既窥得大貌，又识得精华。如"等待时机"主题，讲的是需卦，需即等待，"险在前也，刚健而不陷，其义不困穷矣"，此卦以等待时机为上。

《周易百句》作者王振复教授指出："但并非消极的等待，而是为了进取而积极地等待时机。"作者以西方现代主义戏剧名作《等待戈多》为例，指出这个以"等待"为主题的荒诞剧，隐喻戈多永远等不来，世间没有希望。而《周易》中需卦是吉卦，这种等待时机以求进取的精神是先秦儒家积极的人生观，"这个世界和人类都是有救的"。这种援引古今中外思想资源的对比，让我们很快抓住需卦要义。

《史记》若只津津乐道其故事，则未免忽视其"无韵之《离骚》"的文学地位，更无视其"究天人之际，通古今之变"的宏大史观。《史记百句》作者陈正宏所选金句既朗朗上口，又包含诸多世道人心之箴言。

如"民以食为天"主题下，选了《郦生陆贾列传》中的"王者以民人为天，而民人以食为天"和《赵世家》中的"一日不作，百日不食"。前者贴合楚汉之争的历史场景，刘邦先占领天下大粮仓敖仓，后据守天下险隘，终至"天下所归"；后者则是警示战国时期的赵肃侯不务农事，使其幡然醒悟。陈教授写作时特意站在中小学生立场，带其了解《史记》里的多面人生，体悟人性的幽微之处。

《老子》《庄子》作为道家经典，历来被视为玄之又玄的"众妙之门"，但如果回到历史场景解老庄，结合古今中外思想解老庄，则会看得更真切。《老子百句》有篇《眼睛重要乎？肚子重要乎？》，作者汪涌豪选取《老子》第三章中"是以圣人之治，虚其心，实其腹，弱其志，强其骨。常使民无知无欲"和第十二章中"五色令人目盲……是以圣人为腹不为目，故去彼取此"，以毕达哥拉斯、亚里士多德、夏夫兹伯里、康德、黑格尔等西哲关于感觉器官与审美器官的言论与中国"彼此感通"的五官言论相对比，指出"圣人为腹不为目"是基于春秋时期统治者无节制地追求物欲与老百姓不得温饱的现实状况而言，这就纠正了世人对老子"愚民"思想的误解。

《庄子百句》有篇《什么是你真正的需要》，作者陈引驰选取《逍遥游》"鹪鹩巢于深林，不过一枝；偃（鼹）鼠饮河，不过满腹"，并引《秋水》"吾在天地之间，犹小石小木之在大山也"，指出："庄子站在最切近真实生命的立场上，说了实话。不去追逐你其实未必真要的东西，你才能了解并把握住你真正的需要。"知足常乐的道理老生常谈，但不及庄子以鹪鹩、鼹鼠为譬喻更启人深思。在物质越来越丰富的当下，如何对待物欲是每个人都面临的选择，听听老庄的箴言，人生或许更有实感。

《传习录》是王阳明的经典之作，以语录体形式踵武

《论语》，"传习"二字即取自《论语》，其是对儒家学说的重要理论发展。我们所熟悉的"心即理""知行合一""致良知"等概念有了落脚处。《传习录百句》作者吴震结合儒学发展到明朝的困境，以及王阳明个人生平和思想动向，对这些作了精彩阐发。以南镇观花为例，"你未看花时，此花与汝心同归于寂。你来看此花时，则此花颜色一时明白起来。便知此花不在你的心外"。这里，王阳明不是要否定物的客观存在，这不是他关心的理论问题，他所关心的核心问题是"外心以求理"将会导致为学方向的根本错误。王阳明最大程度肯定心的作用，他以学做圣贤为人生"第一等事"，对整个社会被程朱理学思想笼罩的现状极为反感，他宣称"圣人之道，吾性自足""满街人都是圣人"，其心学引领了明朝思想解放的潮流。

《论语》是四书之一，作为古代蒙学经典和科举考试教科书，历代解说甚夥，其语句入选中小学课本最多。《论语百句（增订本）》作者傅杰教授"选录或系阐释、或系发挥的前修与时贤的相关文字，稍加贯串，以申其意"，此书因此有了"集注新解"的味道，值得典藏。以"君子不器"主题为例，作者引用了徐英、米兰·昆德拉、海德格尔、钱穆、朱光潜、克莱夫·贝尔等人的妙语，辩证解"器"，继而申说己意："'君子'虽不一定'不器'，但仅仅成'器'则一定不是孔子心目中的'君子'。""成'器'所需的只是训练（training），成'人'所需的才是教育

（education）。……选择如何成'人'而不是如何成'器'，才是高度文明意识的表现。"

开卷有益。"中华经典百句"第一辑每一种都精妙有味，如若当作日课记诵、理解、体悟，假以时日，不光有实用之效，亦会涵养丰厚的经典人文知识与智慧。

（原载 2024 年 9 月 1 日《深圳特区报》，作者系中华书局上海聚珍文化传媒有限公司编辑）

《大明律》：换一个角度穿越回明朝

张彩梅

提起朱元璋，我们往往会谈到他的"重典治吏"、严刑酷法。一些影视剧中官员被"廷杖"画面，屈辱与压迫感扑面而来，让人不寒而栗。今天我们要说的，就是在朱元璋指导下修订的《大明律》，后世学者称其在法典史上承唐启清、影响深远。这部法典是怎么出台的？为何被后世倍加推崇呢？

日久虑精：曲折的修律过程

常有人质疑，朱元璋并非科班出身，没有受过规范的学术训练，他指导下制定的律法能体现专业性、系统性和严谨性吗？不能说这种质疑没有道理。不过世上之事就怕"认真"二字。朱元璋出身于社会底层，目睹贪官污吏横行造成民不聊生的局面，在揭竿而起建立大明王朝之后，惩治吏治贪腐，营造清明盛世就成为稳定政权的迫切需要，因此朱元璋对制定《大明律》有坚定的决心。与此同时，朱元璋也明确表示，《大明律》的修订不为当世，而是要将其修成一代大法，永垂后世，从中也不难看出他的雄心。

不过《大明律》的修订过程，也是一波三折，几易其稿，《明史》中曾用一段短短的文字对修订过程总结如下：

> 草创于吴元年（1367），更定于洪武六年（1373），整齐于二十二年（1389），至三十年（1397）始颁示天下。日久而虑精，一代法始定。

有学者经过研究认为，洪武年间的修律过程漫长而曲折，至少存在元年律、七年律、九年律、二十二年律与三十五年律5次修律，且其中又存在法典体例选择上的反复。吴元年（1367），朱元璋称吴王，同年冬十月，即命令左丞相李善长为律令总裁官议定律令。在洪武元年律法颁布仅仅半年之后，朱元璋就感到"律令尚有轻重失宜"处，于是让人将唐律每日写20条大字条幅悬挂于宫中，召集儒臣和刑部官员讲解唐律，"止择其可者从之，其或轻重失宜，则亲为损益，务求至当"（《明太祖实录》卷三四），希望通过对唐律的学习和参考，完善明律。

从吴元年下令修律，到洪武三十年（1397）《大明律》最终颁布，用了整整 30 年的时间。《大明律》颁布之后一字未改，作为根本大法沿用了有明一代。

革故鼎新：创立六部分类体例

《大明律》修订之初，朱元璋曾强调要参照和学习唐律，不仅学习唐律的立法技术，更希望通过对唐律的继承，标榜明朝以祖述唐宋、继承和发扬汉族文化为己任，为明初政权寻找合法性理由。总体来说，在维护君权和等级制与家族制方面，《大明律》与唐律的立法思想是一致的。如，在《名例律》中的"十恶"条，列举了 10 种罪行，其中"谋反""谋大逆""谋叛""大不敬"条，直接威胁国家社稷以及君主统治政权存亡；"恶逆""不道""不孝""不睦""不义""内乱"条，则威胁到等级制和家族制。对"十恶"的严厉惩治，集中体现了《大明律》对君权和等级制与家族制的维护。

不过，明律源于唐律，但不同于唐律。在结构和内容上，它有很多创新之处。它改唐律 12 篇为 7 篇，除了开篇的《名律例》承袭传统律典编纂模式外，其余 6 篇分别对应吏、户、礼、兵、刑、工六部，这是为了适应明洪武十三年（1380）废宰相权分六部的政治体制态势。在每部律中，依据同类内容进行更细致的分门别类。《大明律》的 460 条律文，在各篇中的数目详见下表：

《大明律》篇目

篇名	律文数目	律文所涉及的犯罪行为
名例律	47 条	总体性原则规定
吏律	33 条	涉及官员未能履行职责或违反规定的犯罪
户律	95 条	涉及户口、税赋、婚姻、仓库、土地、钱债等的犯罪
礼律	26 条	涉及公共场合的仪式、祭祀等的犯罪
兵律	75 条	涉及宫廷守卫、军政、关津渡口、厩牧、驿站等的犯罪
刑律	171 条	涉及贼盗、人命、斗殴、辱骂、诉讼、受赃、伪造等的犯罪
工律	13 条	涉及与营造、河防等有关的犯罪

为了对官吏赃罪严加惩罚，专门设立"受赃"一门，量刑明显重于唐律。此外，为了与社会经济发展的需要相适应，《大明律》较大地增加了经济立法的比重，设立"钞法""盐法"和"私茶"等条目。由于明代盐的收入用于支付军费等重大开支，国家对其管理极其严格，只要参与贩私盐就构成犯罪，"盐法"十二条详细规定了贩卖私盐的各种犯罪。

芟繁就简：追求律文通俗易懂

在《大明律》制定之初，朱元璋就对参加法典编纂的群臣说："法贵简当，使人易晓。若条绪繁多，或一事两端，可轻可重，吏得因缘为奸，非法意也。"如果说唐律在遣词造句上显得典雅瑰丽，那么明律的一个显著特点是条文通俗易懂、明白晓畅，对某种行为该得某罪，该杖几十，所加者何罪，所减者几何，一目了然。

除了追求律文的通俗易懂外，我们也可以从一些细节中看到立法者为使法典"简当""易晓"而做出的努力。我们在看《大明律》时，可能会疑惑为什么在律文中会有大小字混杂的现象。在《大明律》中，大字是律文，小字专业说法称之为"小注"，它是中国传统律典中一种比较常见的律中注释方式。《大明律》中共有81条"小注"，这些"小注"可不是随随便便加上去的，它是立法者在制定法律时针对律文，或对法律术语进行释义，或阐明立法缘由，或说明律文执行程序，或指出具体刑罚的计算方法等。与私家注律不同，这些"小注"可是具有法律效力的，它们与律文一起组成不可分割的整体，其目的使律文的适用更加准确。如"十恶"条中，"小注"对"谋反""谋大逆""谋叛""恶逆"等进行释义，这样就清晰界定了相关的法律术语，便于在司法实践中准确适用律文。

十恶

一曰谋反。谓谋危社稷。

二曰谋大逆。谓谋毁宗庙、山陵及宫阙。

三曰谋叛。谓谋背本国，潜从他国。

四曰恶逆。谓殴及谋杀祖父母、父母，夫之祖父母、父母，杀伯叔父母、姑、兄姊、外祖父母及夫者。

除了律文中加"小注"的方式外，《大明律》中所附图表，也是一个"贴心"设计。如"本宗九族五服正服之图"，标示的是同一个宗族所有的九族亲属之间的五等服制关系总图。明律中涉及亲属关系的法律条文，常用五等服制术语表达亲属的范围。利用图表，从己身往上下、往左右，可以形成对九族的直观印象。司法人员引用法律时，通过检索表格，可以准确找到某个层次范围内的亲属，适用法律就变得便捷多了。

明刑辅教：宣传推广《大明律》

在《御制〈大明律〉序》中，朱元璋提出"明礼以导民，定律以绳顽"的指导思想。"明刑辅教"的重点在于"明刑"，为重典治世提供依据。不过，"重典治吏""重典治贪"不是目的，只是一种通过采用雷霆之力惩治贪污腐败的手段，其目的是营造一个政治清明的吏治和政治生态。从正面申明礼教，礼律结合，使官吏、民众畏律法知趋避，方是明代法制的指导思想。

鉴于此，朱元璋不仅重视立法，而且重视普及宣传法律。因为担心百姓理解不了律令，他命令大理卿周桢等对律令中凡涉及民间事宜者汇编成册，训释其义，编成《律令直解》一书宣传推广。《大明律》中"讲读律令"条文规定，国家机构的官吏务必要熟读律令，能讲清楚律意，并能用之来处断日常事务。每年年终，会有上级相关部门来考核官员讲读律令的业务水平，考核不合格的，初犯罚一个月俸禄钱，再犯笞四十并把过错记录在册，第三次犯在本衙门降职任用。普通百姓如果能够熟读、讲解和通晓律意，在发生过失犯罪或者被他人连累犯罪的，不管罪行轻重，都可以免罪一次。

洪武五年（1372），朱元璋下令在全国设置申明亭，定期张贴朝廷文告，将本地犯罪错人员的姓名及罪错内容公布，以示惩戒。而在旌善亭，则定期公布本地的孝子贤孙、贞女节妇的事迹，以为表彰劝善之用。不能不说，为了惩恶劝善，朱元璋也是煞费苦心。

（原载 2024 年 7 月 8 日"中华书局 1912"微信公众号，作者系中华书局经典普及出版中心编辑）

做人之方，尽于《人谱》

王　娟

《人谱》是明代理学大家刘宗周的重要哲学著作。"人谱"，顾名思义，就是教人如何做人之谱，进一步而言，就是教人如何从普通人渐变为圣人的参习手册。刘宗周在《人谱》中详细探讨了人的本性、做人要旨以及通过自省迁善改过完善道德的具体方法，为学者提供了明确的进学阶次和具体可行的实践路径，指导意义很强。

刘宗周（1578—1645），浙江绍兴山阴人，字起东，号念台，晚号克念子，学者称念台先生，因其在绍兴蕺山讲学多年，又被称为蕺山夫子。刘宗周生活于晚明之际，其立朝之时，皇帝深居内苑，不视朝政，东林党争激烈，魏忠贤专权，其刚正敢谏，屡次上书条陈时政得失、治国良策，但多未被采用，反因弹劾权臣、忤旨等被罚俸、革职。其弟子黄宗羲曾言"先生通籍四十五年，立朝仅四年"，"讲学二十余年，历东林、首善、证人书院，从游者不下数百人"。即在朝服官之日少，在野讲学之日多。明末政局动荡，官吏腐败，人心涣散，儒学凋敝，刘宗周作为朝廷官员和儒学学者，对现实有着清醒的认识，并且日渐认识到自身应当担负的社会责任。他晚年创立证人社，撰著《人谱》，希望通过讲学来救正人心，弘扬儒学之正，改变明末日趋败坏的社会风气，以及扫除阳明后学"以禅释儒"空谈心性的流弊。据刘宗周之子刘汋所说：《人谱》作于甲戌（1634），重订于丁丑（1637），而是谱则乙酉（1645）五月之绝笔也。一句一字，皆经再三参订而成。"从目前所见定本来看，《人谱》不到7000字，但却是刘宗周一生学术思考以及实践经验的总结，反映了其晚年思想趋于成熟时的核心理念。

《人谱》之作，一方面是为了扫除阳明后学空谈心性忽视实践工夫的流弊，另一方面也是对当时民间盛行的袁了凡《功过格》进行纠偏。《功过格》是一种记录和度量功、过的小册子，如行一善准百功、五十功、三十功、十功、五功、三功、一功不等，行一恶准百过、五十过、三十过、十过、五过、三过、一过不等，有点类似积分制，这种小册子虽然一定程度上起到了劝善的作用，但正如同刘宗周所说，此书处处渗透着佛教因果报应的色彩，且在累积功德的过程中，有意为善，充满功利主义的倾向。所以其在《人谱》自序中说："了凡学儒者也，而笃信因果，辄以身示法，亦不必实有是事。传染至今，遂为度世津梁，则所关于道术晦明之故，有非浅鲜者。予因之有感，特本证人之意，著《人极图说》，以示学者。继之以六事工课，而《纪过格》终焉。言过不言功，以远利也。总题之曰《人谱》，以为谱人者，莫近于是。"刘宗周与袁了凡虽都言过，但二者的不同在于，刘宗周是以人心至善为基础，对各种过进行对治，进而恢复人至善本心，即通过更深层次的道德自觉来迁善改过，而非像袁了凡那样，刻意为善、改过，流于表面，忽视了个人道德意识的自觉。

从《人谱》文本来看，其分为正篇、续篇。正篇首列《人极图》及《人极图说》。《人极图》主要参照周敦颐《太极图》而作，奠定为学"立人极"的基调。《人极图说》则提出"无善而至善，心之体也"、"积善积不善，人禽之路也"的重要理念，即认为人心本体至善，那些能够将至善之性内化于心、外化于行的人通过累积善行，不断自省补过，可渐进于圣贤之域，这也就是所谓的"人极"，而道德自觉意识比较差的人则逐渐背离至善之性，日渐堕落，累积恶行，虽有"人"之名，但其实已和禽兽没什么区别。刘宗周又说"其道至善，其要无咎，所以尽人之学也"，即认为那些能持守至善之性，在关键处避免过错的人，就可以称为真正的"人"了。《人极图说》可以看作《人谱》一书的总论部分。

《续篇》首列《证人要旨》，次列《纪过格》《讼过法》《改过说》等。

《证人要旨》其目有六：一曰凛闲居以体独（无极太极）；二曰卜动念以知几（动而无动）；三曰谨威仪以定命（静而无静）；四曰敦大伦以凝道（五行攸叙）；五曰备百行以考旋（物物太极）；六曰迁善改过以作圣（其要无咎）。

第一目"凛闲居以体独"，所谓"独"，就是"心极"，即天命之性，至善之本心。所谓"凛闲居以体独"，即在闲居独处无人监督的情况下，仍保持道德自觉，心意端正，也就是所谓"慎独"。

第二目"卜动念以知几"，即根据念虑上的变化洞察细微征兆。所谓"动念"，多为七情之动，见于日用伦常者，多为忿、欲二者。而要惩忿窒欲，最有效的做法是在刚动念（主要指不善之念）之时就及时察觉，于当下廓清，不使其演变为实际的过错，进而徐加保任，恢复其至善本心。而要达到这一点，"慎独"则至关重要。人只有慎独，心有所主，内心才能保持高度警觉，及时觉察到念虑的萌动，进而克治。

第三目"谨威仪以定命"，是从九容（即足容、手容、目容、口容、声容、头容、气容、立容、色容）层面去证人。如果说"卜动念以知几"是慎独之学的内在层面，那么"谨威仪以定命"就是其外在体现，二者相为表里，相辅相成。

第四目"敦大伦以凝道",是从父子有亲、君臣有义、长幼有序、夫妇有别、朋友有信五伦层面去证人。五伦是人与人之间最基本的道德伦理关系,即《中庸》所谓"天下之达道"。

第五目"备百行以考旋",是在第四目"敦大伦"的基础上推衍而来,即由五伦推去,"盈天地间皆吾父子、兄弟、夫妇、君臣、朋友也"。所谓仁(亲)、义、序、别、信,不只适用于五伦,而是放之四海,对万事万物皆当如此。孟子曰:"万物皆备于我矣。反身而诚,乐莫大焉;强恕而行,求仁莫近焉。"刘宗周继承孟子思想,认为我们也应当在日常中不断检视自己的各种行为,完善自我,而这种检视既可以对应到具体的行为中,也可以是意念上的反省,即"慎独"。"百行"言多,"考旋"即反复考查、检视之义。

第六目"迁善改过以作圣",强调人要不断地迁善改过,才能渐至于圣人之域。刘宗周说:"自古无见成的圣人,即尧、舜不废兢业。其次只一味迁善改过,便做成圣人。"其次指出迁善、改过是终身随行的一组命题,不能只满足于一时的迁改工夫,而应时迁时改,终身奉行不辍。

《纪过格》,其目亦有六:一曰微过,独知主之(物先兆);二曰隐过,七情主之(动而有动);三曰显过,九容主之(静而有静);四曰大过,五伦主之(五行不叙);

五曰丛过，百行主之（物物不极）；六曰成过，为众恶门，以克念终焉（迷复）。这六过中，微过（即妄）是根本，其函后来种种诸过，最为隐微可畏。其后环环相扣，一过积二过（隐过），一过积三过（显过），一过积四过（大过），一过积五过（丛过），终至众恶之门。因此要对治诸过，最根本的还是要在微过萌芽阶段进行干预，"微过，独知主之"，故而要通过慎独来克治。

我们细细看《纪过格》六目，其实是与《证人要旨》六目一一对应的，其叙述逻辑都是由内而外，由微到显，层层递进，且都从实践工夫层面展现了刘宗周的证人、成人过程。

《讼过法》，是通过一系列的仪式静坐自省来体察自身过恶，力求恢复其澄明本心，并徐加保任，以存心养性。

《改过说一》《改过说二》《改过说三》，是刘宗周有关改过理论的系统叙述，每篇侧重点各有不同。《改过说一》主要强调防微杜渐，即时时知过，时时改过，却妄还真。《改过说二》则指出人心明暗与过错的关系。即人心本体是明，有过必然自知，但被暗所遮蔽，则很可能有过而不自知，或有过而不能及时改正，并进而文饰，所以去除遮蔽，使本心由暗转明，归于圆满，极为重要。《改过说三》则指出"格物致知"对于改过的重要性。

从以上所呈现的《人谱》内容结构来看，我们可以看出其逻辑层次清楚且严密，环环相扣，且前后呼应，形成一套非常完整的证人、谱人哲学体系。在刘宗周的哲学观念中，本体与工夫是体用一源、显微无间的关系，至善是心之体，实践工夫为心之用，本体与工夫互证。前面提到，《人谱》是为了纠正王学末流空谈心性忽视实践工夫的流弊而作，我们读完《人谱》，会发现其始终一贯多在讲实践工夫，由此亦可见刘宗周的良苦用心。

《人谱》一书，我们从大的层面来讲，它影响了明末清初儒学的学术风向，丰富了儒学的内涵；从小的方面来讲，它又为普通大众修身、齐家提供了明确且可操作性强的实践路径。刘宗周曾对其子刘汋说："做人之方，尽于《人谱》，汝作家训守之可也。"放在当下来看，《人谱》其实仍有极强的普适性，其作为一部个人道德修养指南，非常值得一读。

《人谱》一书自明代出版刊刻后，或单行，或附于刘宗周的全集中出版，到了现代，其标点本只见于《刘宗周全集》中，阅读不便，有鉴于此，中华书局推出了《人谱》的单行整理本。由于《人谱》本身篇幅较小，历史上又出现过很多有关此书的注释本，故我们遴选了三部有关《人谱》的重要注释本附于书后，即《人谱类记》《人谱大全》《人谱诗箋》。

《人谱类记》，作者有多说，其中一说为刘宗周亲作，此书通过具体事例分类证明《人谱》，属于证人之实例，可读性极强。按照经史互证来看，《人谱》相当于经，《类记》相当于史。

《人谱大全》，是清代叶潜夫40余年践行《人谱》而为之注释之书，提纲挈领，注释精到。

《人谱诗笺》，是清代石广均所作，以诗歌的形式诠释《人谱》，读之朗朗上口，是《人谱》通俗诠释的佳作，利于《人谱》的广泛流传。

此次整理《人谱》以中国国家图书馆藏清顺治刻本为底本，这也是目前可见最早的版本，其次以傅彩本、洪正治教忠堂本、《刘子全书》本、雷铉本为对校本，以《人谱大全》本为参校本。前文提及，《人谱》"一句一字，皆经再三参订而成"，在对校各版本的过程中，我们似乎抓住了其中的一丝脉络，进而窥见跨越10余年刘宗周撰著此书时学术思想上的细微变化，这或许可以为专业研究者提供一些思路。此外，我们推行整理本，也希望能够为有意提高道德修养的普通大众提供一个更易于携带和阅读的可靠文本。当然我们也希望越来越多的人能够关注到《人谱》，进而阅读《人谱》，并由此谱写出独属于自己的一份"人谱"。

（原载 2024 年 12 月 3 日"中华书局 1912"微信公众号，作者系中华书局哲学编辑室编辑）

迷思曼衍

——重读《古籍版本十讲》

刘　明

　　古籍研究和整理，是实践性极强的工作，将经验归结到文章专著之中，往往也是在书言书，就事论事，质朴少文，甘苦自知。2023 年，陈新先生的文集《锦衣为有金针度》在人民文学出版社出版，厚重密实的写作，为后人大造津梁。同年，杨成凯先生的遗著《古籍版本十讲》（以下简称《十讲》）在中华书局出版，一样大受读者欢迎，却另有些破圈儿的势头。杨先生致力古籍版本研究数十年，可谓真积力久，遗著风行，本在意料之中；但能收获众多读者，必得益于意趣之丰富、思考之多维。抱持这一观点，近日重读杨先生的大作，临将掩卷，到"赘语：古籍的价值与收藏"一节，在深慨先生学殖蕃茂之馀，又多了些零散的想法。

　　和诸多版本学著作一样，《十讲》也绕不开"善本"

的讨论。杨先生对"善本"的定义下得温和，从历史发展视角平叙："所谓善本，本来是从读书角度看，指内容可靠，没有错讹。后来角度逐渐转为赏鉴和收藏，到今天善本的含义已经变成世不经见，珍稀可贵，内容如何已经淡出视野"，调和读藏两界，提出"无论读书还是藏书，都要选择善本"。上面这段话大概时下都可以公认，但随后讲到的古籍收藏观，有两句不免令人有些困惑。

"如果买书是为了研究学术，对版本就可能不多考究。"这句下面举了陈其元讥笑王定安的故事，又说到王欣夫鄙视陈其元的讥笑，又说到陈其元笑得无理，李慈铭早觉他水平不行，云云。这故事没记错的话，在《十讲》前面的章节也讲过一遍。《十讲》是根据杨先生生前讲座、文章整理的，容有重复，亦可见杨先生对这个故事的印象之深。这段最后落实到"其实今天的读书人也一样，有人也是有个本子看就行，不讲究版本。研究中国古典文学的可以只用现在的新印本，不看线装书，文章照样写得很潇洒"一句。稍加玩味，不难读出些微言深义。

"整理古籍情况就有不同，功夫全在校勘。"这里就产生两个问题：其一，既然"文章照样写得很潇洒"的人连"线装书"都不看，那谁的"功夫全在校勘"呢？其二，既然"功夫全在校勘"，为什么"新印本"不及"线装书"呢？理想状态的文史研究，要求一个人从版本校勘出发，这在现实状态下显然很难达到。生命有限，考核无穷，非升即走，酷烈如斯，辗转呻吟，转死沟壑，奔走发表，汲汲皇皇，从事整理，何由谈起？是故学术研究远离校勘，古籍整理少人致力，遂使废线装而不读，弃校雠而罔顾。

杨先生说"古代社会有等级观念，对人的评价跟他的家世、经历和从事的职业有很大关系。……即使在今天，口头上都讲人人平等，至于头脑中有没有尊卑贵贱的等级意识，口不言阿堵，也是你知我知的事情"。言到此处，戛然而止，上善的学术研究应当如何取法，已经讲得很明白。但并没有对时下风气有过多批驳，只是继之以"其实无论地位尊卑，人都是要做事情的，做事情的目的不外乎适意和谋生。要适意，就要做自己愿意做的事情；要谋生，就要做赚钱的生意。考订和校雠也有这两重性质，不同的人可能偏重之处不同而已"，代为众人解嘲，发言也甚平恕。

古籍整理落实为一个行业，似应是古籍出版；落实为一个职业，似应是古籍编辑。但又不然。服务古籍整理的出版，应当呈现前沿的研究成果，但基于出版业的滞后特性，做不到；服务古籍整理的编辑，应当舍却应对分层市场的考虑，但基于出版业的企业性质，也做不到。故而古籍整理是理想主义的事业，古籍出版是理想折衷的产物，古籍编辑是折衷理想的执行者。倘若连看折衷品的时间都没了，古籍整理生产的意义更将大打折扣。

杨先生的书耐读，内容丰赡，甫一展卷，令人学问开益，是一方面；另一方面，对世态人情的深切观摩弥散其中，幽微之处，发人深省。重读《十讲》，学习之馀，纵意所之，一时间由此及彼，由彼及此，证论有据，破局无方，乐得曼衍迷思，聊为销寒之趣。

（本文获中国出版集团公司青年读书活动二等奖，作者系中华书局文学编辑室编辑）

跳出古籍视野以外，审视古籍何以现代

——评《民国时期古籍出版的传统再造与现代致用》

张玉亮

　　有意思的是，对于古籍这个词儿是从什么时候开始出现，又是从什么时候开始流行的，古籍圈（研究和出版）内外似乎都不甚注意。圈内人更多是从学理上进行分析，辨别"古籍整理学""古典文献学"等概念的异同；圈外人则直接将官方通行的定义拿来就用。但值得提出的一个问题是，古人看前代典籍，也称"古籍"吗？如果不是，他们称为什么？如果是的话，那他们这个"古籍"的"古"，又是如何界定的？

　　纠结这些问题，其实无非是想落到一个问题上——不同时代的"当代人"，是如何看待前代典籍遗存，又是怀着怎样的心态来将其纳入到他们各自的"当下"的。

　　华东师范大学传播学院、出版学院青年学者朱琳女史的新著，就是聚焦民国古籍出版活动与实绩，而措意于

"古籍何以现代"命题的一部佳作。

书稿最初命名为《回收传统：民国时期古籍出版研究》。在书稿的打磨过程中，安徽大学刘洪权教授的著作《民国时期古籍出版研究》问世（安徽教育出版社 2021 年 12 月版），朱琳女史认真研读并结合自己的研究心得，对书稿进行了大幅调整。做过编辑或作者的朋友当能体会，对自己精心结撰的著述进行巨量的删削、增补，并将篇章目次做出结构性的调整，对作者来说是个很大的考验，至少要闯过不舍和不妥两道关。很多作者基于思维惯性，在修改时容易出现不易割舍的情况，而即便下定决心大刀阔斧，又容易偏向另一端，修改时容或出现对接的疏误与遗憾——毕竟，相对长期以来浸淫其中的思路，在短时间内作大幅调整很容易出错。

但对比初稿，本书作者却给出了非常令人惊艳的修订完善。书名改为《民国时期古籍出版的传统再造与现代致用》，虽然略长，但比原书名更醒豁地凸显研究理路与用意所在，可谓开门见山。而篇章目次的调整，更是体现作者在初稿完成后的再思考。毋庸讳言，本书与其他许多论著一样，是作者阶段性成果以论文形式发表后的结集。而也惟其如此，此次的修改不啻为初稿完成后的二度创作。可惜的是，责编以外的读者无从知道从初稿到成书的面貌差异，所以责编不避饶舌之讥，谨此对这位年轻学者精益求精和勇于扬弃旧我的治学态度表达敬意。

书中的精彩之处不一而足，作为古籍出版社的编辑，令我别有会心的有以下三点。

首先是对史料的搜集与使用。作者并非文献学专业出身，但在资料的搜集、爬梳方面所下的功夫，颇得"结硬寨，打呆仗"之窍要。书中对民国时期大型古籍图书的不同版本（包括市场同类竞品）、营销策略乃至针对不同策略订出的装帧、分册、定价乃至用纸等细节的梳理，使专业古籍社编辑、长期使用这些古籍图书的文献学专业学人乃至商务、中华等老牌出版机构出版史专家都叹为观止。

书中使用大量民国报纸、学报、政府公报等资料，特别值得指出的是，作者的收集不仅限于重要古籍出版机构或项目等关键词的检索，这就使一些隐性材料被发现和使用。如通过刘穗九《东北考察随笔》中对洋装形式"西人不喜"的记录，敏锐把握并用于分析西式洋装和传统线装两种装帧形制在民国时期的消长，可谓勤勉中别具慧心。

第二个特点是，除了对文本、物质形态的古籍进行细致考察以外，特别关注通过产业视角复原当时出版机构对古籍图书选题的竞争。民国时期古籍图书特别是大型古籍图书的出版如火如荼，出版机构之间竞争激烈。而这种竞争的细部描摹，学术界的先行研究是不够清晰的。本书作者以女性细致入微的观察与分析，为我们剖析出竞争的具体样态。比如作者发现，商务印书馆在一个时间节点前后的广告措辞中对武英殿本正史之不足的描述有明显的祥和与犀利之分，而这个时间节点恰是开明书店版《二十五史》（以殿本为底本）面世的年份。

第三个特点是尽己所能以书籍史的视野对古籍出版的全流程进行观照。以往的研究更集中于选题策划、实施等"编辑环节"，另外一些成果也关注到营销策略与出版机构之间的竞争。但本书还涉及其他一些以往未引起足够重视的环节。比如校对。本书第八章从断句、索引与校勘记等"副文本"入手，进而关注到这些古籍整理工作背后的人员及其境遇，发前人所未发。又如第九、十章从定价与读者定位、消费与流通等环节对大型古籍丛书进行"供给侧"的另一侧——消费端的观照，都颇具启发意义。所有这些，都在相关研究的基础上为"古籍何以现代"这一命题的解析拓宽了思路。

作为我所策划的"经籍志"书系第10种，本书的装前样摆在桌前，我十分感喟，忍不住请擅长摄影的同事拍了书影发到朋友圈炫耀一下。结果尚未入库，就被集团同事询问总编室此书何时入库，希望尽快拿到。传统文化越发受到国家重视和全社会关注，古籍何以现代、今人如何面对古代文化遗产，其实是问题的一体两面。期待越来越多的人们关注古籍，也希望更多年轻学者通过自己的研究成果，参与到文化建设中来，在今与古的对话中实现学术研究的当代价值。

（原载 2024 年 6 月 12 日"华东师范大学出版学院"微信公众号，作者系中华书局学术著作出版中心编辑）

胡美博士：中医与西医相遇的故事

刘冬雪

在中国，爱德华·胡美（Edward H. Hume）这个名字往往与"湘雅"二字紧密联系在一起。爱德华·胡美是一位医学博士、美国医生，另一重身份便是湘雅医学院的创始人之一。自从他响应毕海澜（Harlan P. Beach）医生的召唤来华，1905 年 6 月从上海港下船的那一刻起，便与中国这片古老的土地结下奇缘。胡美博士带着开设一所医科大学的宏愿在中国长沙落脚，来华 30 年之久，酸甜苦辣，人生百味，凝练为 20 万字的回忆录，即《中医与西医：一位美国医生在华三十年》一书。诚如胡美博士所言，他的回忆录是"一份关于美国医生如何发现医学是不同国家、不同文化之间的桥梁建造师的记录"。

一、胡美博士的初心与梦想

20世纪初的中国大地总像是笼罩在一片厚厚的阴霾里，灰暗与压抑中蕴藏着一种极不平静的躁动，缺乏稳定和秩序，方方面面都拧成一团疙疙瘩瘩。专制主义中央集权制度的彻底崩溃，给整个社会的近代化转型提供了更大的空间和更足的动力，但突如其来的政权交替又迅速暴露出新屋未建而旧屋已拆的尴尬。于是，不安的情绪在涌动、蔓延，与各种不熟悉的事物悄然相遇时尤为如此。胡美博士就是在这样的背景下，带着一副惹人注目的洋面孔，以及隐于外表之下的初心与梦想，从印度孟买来到中国内陆城市长沙。

胡美博士1876年出生于在印度传教的基督徒家庭，毕业于著名的耶鲁大学和约翰斯·霍普金斯大学。29岁，也就是在中国人眼中即将"三十而立"的年龄，他下定决心来华发展，为实现人生抱负而付诸实际行动。说起这样一段因缘，便不能不提及雅礼会在华传教以及长沙开埠、允许外国人居住的时代背景。

1901年，在耶鲁大学建校200周年之际，一批耶鲁毕业生在退休校长狄摩非的召集下，在学校的支持下创办雅礼会，旨在继承耶鲁大学毕业生在远方创立教堂和学校的悠久传统。胡美博士是雅礼会的成员。可以说，没有雅礼会的积极扶持和大力推动，胡美博士便不可能购置、租借房产。经过一番周折，终于在长沙西牌楼街成功挂起雅礼医院和雅礼学堂的标牌。

兴医办学的脚步为何走到长沙？这与长沙的地理位置以及辟为对外商埠有一定关系。长沙居南北要冲，交通便利，对传教士很有吸引力。根据 1902 年 9 月 5 日签订的《中英续议通商行船条约》第八款第十二节，长沙被开放为通商口岸，1904 年 7 月 1 日正式开埠设关。这给外国人在此居住和工作提供了条件。另外，此时的长沙刚刚开埠，雅礼会与其他差会间的竞争势必会少很多，更容易打开局面。雅礼会还曾派人前来考察过，毕海澜医生在信里对胡美博士说："这里的人们聪明、有教养、积极主动。他们肯定欢迎一位受过训练的西方医生前来开设一所现代医院。不久，你将能开办一所医科大学。"胡美博士不由得眼前一亮，最终决定前来闯一闯。

二、"造就专门医药人材为第一要着"

西医疗法与中医的"望闻问切"差别很大，中国人接受起来势必需要多花一点时间，就像在街上见到一副洋面孔，从觉得稀奇惹眼逐渐转到稀松平常一样，都需要一个过程。胡美博士跨越大洋大江来到中国长沙，初来乍到，不被当地人接受也是正常的，估计他尚未从孟买启程之时就已经预料到了。只要有心理准备，便不难应对，更何况胡美博士从来华之初就运用了正确的策略，从爱德华·胡美转变为胡医生，脱口而出的"敝姓胡"非常有助于拉近与当地人之间的距离。

医学是以结果为导向的科学，能不能真正治病救人是最重要的衡量标准。对病患来说，当久病不愈的痛苦甚至是死亡的威胁接踵而至时，胡美博士的专业技能就具备发挥的条件了。如此一来，也为他在长沙站稳脚跟提供了助力。胡美博士努力为当地人治病，不管是平民百姓还是士绅都督，抑或是强盗土匪，他都一样尽心尽力。正是从日常治病救人的医疗实践中积累了口碑和声誉，胡美博士才真正在中国长沙扎下根，陆续建立起湘雅医院、湘雅医学院、湘雅护士学校等，并担任雅礼大学校长，向初心与梦想一步步靠近。

奔走呼号的努力与身体力行的实践同样重要，胡美博士在中美两国对于推动中国医学教育的强烈呼吁值得关注。1921 年 8 月 15 日，胡美博士受杭州青年会邀请，以《近代医学对于公众健康之供献》为题赴杭发表演讲。《广济医报》1921 年第 6 卷第 4 期刊载了此次演讲的内容概要，其中提到，胡美博士在演讲中有感于当时行医监管方面的缺位，以医生"流品尤极羼杂，政府不加以严重之取缔"为忧，并举出一例："街头巷口，一几一椅，瓶盒数事，即可为医。匪驴匪马之僧道，且以符水治人。予尝于长沙市中见一衣衫褴褛之汉，秽气蒸蒸，中人欲哕，坐墙阴下，置狗豚齿牙数枚，牙钳数把，杯盘刀针称是，上以白布标曰：中西外科。予就而穷诘之，始吐实，谓初为某医院工役，经年乃取其习见器具数件而遁，辗转流落，幸恃此谋生云云。"胡美博士既看到问题所在，又指出解决办法，他强烈呼吁："为今之计，则在多设医药学校，造就专门医药人材为第一要着。诚以医术昌明，则疾病自少，疾病少则人种强。"

此外，在短期回美期间，胡美博士也积极为中国发展医学教育争取有利条件，有 1924 年在美国众议院外交委员会会议上的谈话作为佐证。是年 3 月 31 日，胡美博士以雅礼大学校长身份，在会议上对于"美国国会参众两院联席会议决定退还中国每年所拨付的庚子赔款"的议案发表个人意见。美国第一次退还庚款是在 1908 年，资金主要用于扶持中国教育发展，20 世纪 20 年代初再次酝酿退款事宜，胡美博士全力支持，并主动提及上次退款对雅礼大学办学的帮助："实在是由美国退还一部分庚子赔款所生的友谊，雅礼大学才能够办得起来。"并进一步说道："这一省在教育方面的进步，可以说有一大部分的原因是为美国在 1908 年议案所表示的友谊所激动。"之后明确表态："我盼望对于这个议案，能有一种友好的决议。因为我们应当尽力辅助中国，我们应当在能巩固中国的事体上，帮他们的忙。"著名教育家陶行知先生认为，美国方面支持此议案的人，"实在处处不失那大国民的精神"，并且表示，"这句话并不是专指他们慷慨还金而言，却是因为他们那主持正义的精神和光明磊落的态度，的确可以使人闻风兴起"。这些被中国知识分子所赞扬的美国人中间，自然也包括了解中国真实情形、诚心帮助中国人兴医办学的胡美博士。

三、"道一风同"：中西医之间的友好互动

中医是在厚重的历史积淀中从古代走到今天的，它不仅具有医学层面的意义，背后还蕴含着丰富的传统文化。西医与之相较是后来者，它跟随着西方传教士、职业医生等的步伐，来到古老的中华大地。不可避免地，两者在同一时空相遇了。胡美博士像所有西医一样，从学生时代起接受的便是实验科学方法，一开始也对中医的诊疗方式表示过怀疑。然而，他从一点一滴中慢慢体会到，"在古代医学体系中，存在着某些未知的价值。古老的诊断和治疗方法并非完全没有道理。对于中医取得的一些疗效，西医也无法简单地解释"。

胡美博士在回忆录中提到，他曾与长沙知名老中医王医生到省里的财政总管梁先生府上同堂会诊，这不啻为中医与西医相遇、共存，一同为病患服务的完美注脚。胡美博士热情邀请王医生参观他们的医院病房和实验室，当王医生提出"希望我们不要让学生们忘记伟大医生扁鹊和张仲景，以及脉搏权威王叔和的名字和教义"时，又立即心领神会，很合时宜地邀请王医生每学期到他们学校做关于

传统中医经典著作的讲座。王医生感到被尊重，自然积极回应，当即表示"他保证一定前来，我们会成为好朋友"。这种中医与西医之间友好的互动，是西医来华后能够落地生根的基础。如胡美博士所言，"只有那些通过友好方式到达中国本土的人，才能有效地进入她的生活"。以宏观的视角来看，这更是一种中西方文化之间的交流互鉴，时至今日也是十分值得鼓励的。

胡美博士来华时间久，逐渐与中国上层人士之间产生较多联系。在 20 世纪初那样一个复杂的历史时期，与政府官员、大学教授等社会上的头面人物较为熟识，将有机会发挥更大的作用。胡美博士的回忆录于 1946 年出版时，中国著名学者胡适为之题写书名《道一风同》，这便是其在中国上流社会地位的一种证明。大医之道，仁心仁术。从这一角度看，中医与西医的确"道一而风同"，书名可谓极为精当。此外，上海图书馆至今还藏有孔祥熙、张学良、阎锡山、胡适等政要名人于 20 世纪 30 年代赠送给胡美博士的一批签名照。毫无疑问，胡美博士难以复刻的独特经历使他成为中西方文化交流的桥梁，但从中也要看到，善于人际交往和争取资源的性格特点，也是胡美博士践行理想、获得成功的重要因素。

胡美博士本人也很认同"桥梁"之说。1935 年 11 月 7 日，他在私立岭南大学的大学周会上发表过一次演讲，题目是《桥梁 航行 公路》，尤为强调"吾人对于社会之贡献应如桥梁、舟楫、公路之能直接将人类物质及精神之文明互相沟通，战胜困难，利溥全世"，这正是胡美博士身体力行的志业。为了更加称职地当好"桥梁"的角色，胡美博士还于1940年在美国巴尔的摩出版了一本《中医之道》，书稿内容脱胎于其在约翰斯·霍普金斯大学医史研究所教学的讲稿，以英文写就，旨在帮助西方世界深入了解中医，消除偏见以及文化壁垒。

1926年，胡美博士理想中的医学教育实践已在中国落地生根并开花结果，于是决定急流勇退，返回美国定居，办学则与中国政府合作，学校交由湘雅毕业生们管理。然而，胡美博士回国后，这份深厚的中国奇缘仍在延续着。从1934年到1940年代，胡美博士受聘为国民政府卫生署、湖南省卫生实验处顾问，继续在医学专业领域发光发热。他经常往返于中美两国，帮助中国应对天花、血吸虫病等传染类疾病，并做了大量宣传普及工作，是名副其实的"桥梁"——医学的桥梁、友谊的桥梁！

四、结语

胡美博士的回忆录《中医与西医：一位美国医生在华三十年》于1946年首次出版，中译本的面世是在2011年，2020年又升级再版，均由中华书局编辑出版。其实关于该书的评论，早在1948年，即该书出版两年后，便被译介到中国，先后被几种报刊转载。美国于1943年初在中国设立美国新闻处，其中文部曾发行《新闻资料》，每周一期。1948年6月5日的第182期上，刊登了翻译自《纽约时报·书评周刊》的一篇书评，题目为《评〈中医与西医〉》，作者是美国著名汉学家欧文·拉铁摩尔（Owen Lattimore）的妻子埃莉诺·拉铁摩尔（Eleanor Lattimore）。也就是说，当时的中国人其实已经了解到有这样一部传奇回忆录的存在，遗憾的是，未能看到中译本全文。

胡美博士个人医学教育梦想的启航地是在中国长沙，这场实践层面的"大冒险"正式开启后，随之带来的中西医碰撞后孕育出的医学技术与文化习俗相交织的变奏曲，一直鸣荡至21世纪的今天。胡美博士斩钉截铁地说道："真正无畏的人注定会相遇，因为他们的灵魂是相近的，他们的勇敢和坚韧是相似的。"在不同文明的交流互鉴中，我们需要胡美博士这样"真正无畏的人"。

（原载2024年7月3日《中华读书报》，作者系中华书局大众图书出版中心编辑）

《智囊全集》：满足你一生的智慧处世需求

胡香玉

《智囊全集》，是明代冯梦龙编纂的有关"智慧"的故事集。是他除"三言"之外，又一部备受广大人民喜爱的作品。

书中收录1000多则鲜活的智慧故事和案例，潜藏着上下3000年的锦囊妙计，从商周到明代，从治国安邦的大谋略到贩夫走卒的小聪明，精彩纷呈，应有尽有，从中我们可以领略到智慧在各种场景中发挥的巨大能量。

全书分为10部，即上智、明智、察智、胆智、术智、捷智、语智、兵智、闺智、杂智10个类型；每一部按智慧的不同角度又细分为2到4卷，一共有28卷。这些形形色色的智慧类型，展示了中华民族古代智慧的浩大深沉。你大可以"对号入座"，运用书中的智慧来解决为人处世的实际问题。

有了"上智"，别人"束手无策"，
我则"游刃有余"

上智，即上等智慧。冯梦龙说："智无常局，以恰肖其局者为上。"他认为，能契合时局的是最高明的智慧。所谓"识时务者为俊杰"，冯梦龙在"上智部"的"见大"卷，以姜太公和孔子开场，树立了"上智"的标杆：姜太公从国家道义出发诛杀不臣服天子不结交诸侯的华士，孔子从心性正义出发诛杀以学术乱政的少正卯。冯梦龙还补充事例说：应该让官员中喜佛的出家，好道的做道士，这才是圣人契合时局的行为。这就意味着，"契合时局"的智慧是要从国事之大、心性之正来衡量，从顺应人心去引导，这才是真正的"上智"。可见《智囊全集》编纂格局之大、观念之正。

我们看上智之人是如何做事的？ 他们往往不按常理出牌，却赢了全局。

如《选押伴使》一则，记宋太祖赵匡胤挑选押伴使（陪伴朝贡的使者）之事。当年南唐对宋称臣，派学问渊博的徐铉来朝贡，按照礼节，宋朝也要选一位陪伴客使，和徐铉一路畅聊，各显学问。朝中众臣都自愧不如而畏惧不前，结果宋太祖御笔亲点，从 10 个不识字的侍卫名单中随意圈出一人担此重任。这一选择让朝臣们大跌眼镜。那个侍卫稀里糊涂地当了差，在口若悬河的徐铉面前，只能唯唯诺诺。徐铉觉得无趣，也就偃旗息鼓了。

冯梦龙在篇后画龙点睛道：宋太祖的做法，实际上是一种"不战而屈人之兵"的上策。

还有《裴晋公》一则，讲唐朝裴度一次正摆宴奏乐，随从告诉他官印丢了。裴公不动神色，警告不要声张，到半夜，官印又找到了。有人问他什么缘故，裴公说："小吏们盗去盖契券，不着急就会还回原处，着急了就会投到水火中毁掉，再也找不回来了。"

冯梦龙在评论中盛赞裴度的智慧："不是矫情镇物，真是透顶光明，故曰'智量'，智不足，量不大。""透顶光明"，即极其通透聪明。这就是上智之人的智慧和度量。

上智之人是怎么用人的？ 他们能知人善任，让每个人发挥他的特长。《使马围》一则中，孔子派马夫用农夫听得懂的话去交流，说服农夫放了被扣留的马；《韩滉 钱镠》一则中，唐朝宰相韩滉安排一个特别不爱说话的人随军看大门，这人像门神一样从早坐到晚，士兵都不敢随意出入。吴越王钱镠游府中花园时，发现了植树栽花很机灵的园丁陆仁章，后来发生军情，钱镠派他进城传话，果然得到情报安全返回。

上智之人是如何对待下级的？ 他们善于体察人情，宅心仁厚。在《丙吉 郭进》一则，身为汉代丞相的丙吉，为一名醉酒呕吐到他车上的驾车小吏求情，后来小吏在关键时刻为他提供了情报；北宋名将郭进，宽恕了诬告自己的军官，后来军官奋勇杀敌以赎罪，郭进还向朝廷举荐了他。冯梦龙曾说："能够体察人情到这种地步，谁不愿为他效死呢？"这其实是一种更究竟的智慧。

所以冯梦龙说：有了"上智"，别人"束手无策"，我则"游刃有余"；"难事遇之而皆易，巨事遇之而皆细"。

这七种智慧贯穿我们为人处世的方方面面

上智之外，其他明智、察智、胆智、术智、捷智、语智、杂智7个类型的智慧，贯穿我们为人处世的方方面面，可作为我们生活和工作的行动指南。

比如，**如何运用智慧保全自己？** "捷智"部《王羲之》一则给了我们很好的范例：大将军王敦与钱凤商议谋反之事，忘了王羲之还睡在他家，王羲之无意中听到了，寻思可能要被灭口，于是抠喉咙呕吐弄脏脸和被褥，假装熟睡，从而保住了性命。

这种在极短时间内紧急做出的灵变自救，叫捷智，即敏捷的智慧。当我们在生活中遇到类似的情景，不妨借鉴一二。

如何智慧地保护家人？ "明智"部中任文公做到了。王莽时期的任文公善于占卜，知道天下将要大乱，就督促家人背着100斤重的物品，每天绕着房舍跑步锻炼。后来各地发生战争，能逃亡脱险的人很少，只有任文公一家大小背着粮食轻松逃跑，幸免于难。

这就是明智，即洞明的智慧，能洞见一般人无法知晓的事，能决断一般人无法决断的事，善于从表面发现根本，从而避开可能的灾祸。

如何处理好与同事的关系？ "明智"部陆逊说过一段令人深思的话。陆逊作为吴国大都督，思虑周密。他曾劝导大将军诸葛恪（诸葛亮哥哥诸葛瑾之子）说："比我职位高的人，我一定事奉他与他一同晋升；比我职位低的人，我一定会扶持他。您如今对上盛气凌人，对下又瞧不起，恐怕不是立身修德的根基啊！"可惜诸葛恪没听劝告，最终为人所杀。

如何有效地说服上级？ "语智"部的案例可太多了。"语智"即言语间的智慧，或善于辩论，或语言巧妙。《狄仁杰》一则中，武则天的侄子武承嗣、武三思想做太子。狄仁杰从容劝说武后："陛下立儿子为太子，逝后配享太庙；如果立侄子为太子，没听说有在太庙供奉姑妈的。"武后立刻明白过来。《谷那律》一则中，唐高宗出猎遇到下雨，问谷那律：油布衣服怎么做才能不漏雨？谷那律回答说：用瓦片做庇护就不漏雨。于是高宗就不再出猎。可见用巧妙的语言进行劝谏，是能够让上级有所触动的。

另外，"察智"即善于分别辨析、察知反常的人和事的智慧。如《欧阳晔》一则，北宋欧阳晔（欧阳修叔父）因为犯人用左手拿筷子，破获死者伤在右边肋骨的杀人案，是观察入微。"胆智"即以胆量辅助的智慧，"承担大事要靠胆量，办成大事则要靠智慧"。"术智"即以方法辅助的智慧。做事得法，则事半功倍。

在本书的终结篇"杂智"部，冯梦龙以泰山不辞土石、河海不辞细流做比喻，认为对智慧应该采取兼收并蓄的态度，"得其智，化其杂""略其杂，采其智"，并且说："杂智具而天下无余智矣。"可见他希望包揽天下智慧的决心和信心。"杂智"中有些狡黠的小聪明，读来令人莞尔。如《铁牛》一则，说一位行乞的道人拿着一铁牛招摇过市，被开当铺的富人盯上了，道人说这铁牛可以拉出金子，富人试了一晚，果然如此，就高价买回铁牛，后来发现是铁牛尾后造了一个小孔，之前的金子是人为放进去的。这是一个小伎俩，似乎没什么正面价值，但冯梦龙的点评却让人为之警醒："若能粪金，尚须乞钱耶？其伪甚明，而竟为贪心所蔽。'利令智昏'，信哉！"这么明显的诈骗，富人还能上当，最终逃不过一个"贪"字。

冯梦龙的点评，总能为这些智慧故事锦上添花，让人豁然开朗。这样的评论共有 600 多条，表达了冯梦龙在编纂过程中的思考和他的人生态度。另外，每部前都有总叙，每卷前均有引言，卷中人物的编排次序，卷后的补充材料，都是精心的布局安排。而且，冯氏对原有材料很少一字不动地照搬照抄，而是去除原文书面语言的艰涩难懂，使之通俗易懂，把故事重组进行再创作，更适合普通市民阅读。这些都可见冯梦龙的良苦用心。

专设女性智慧故事，看她们如何自救救人

另外，还有按身份划分的"兵智"和"闺智"。"兵智"即用兵的智慧，彰显冯梦龙急切的用世思想；而在专设的"闺智"部，冯梦龙精心搜集 70 多则女性智慧故事，从"智慧"的角度去关注女性，认为智慧不分男女，收获了古今的一致好评。

她们时常是贤内助。 如《高皇后》则，讲明太祖朱元璋初制纸币，屡次没有成功，梦见有人说："若想制成纸钞，必须取秀才心肝。"太祖醒来思考："难道是要我杀读书人吗？"马皇后急中生智："依臣妾看来，秀才们所写的文章，就是心肝。"马皇后宽厚又充满智慧的回答，避免了一次杀士之祸。

她们会勇敢地挺身而出。 如《崔简妻》写唐代典签崔简妻郑氏，用计殴打贪淫的滕王，反抗他的强暴，保全了自己，也解救了受骚扰的其他女性。冯梦龙赞叹道："不唯自全，又能全人，此妇有胆有识。"

她们往往是家庭的救火队员。 《邹仆妻》记载了一个仆人，是个愣头青，夫妻二人出行，到了强盗出没的地带，这仆人非要当显眼包，大喊一声：怎么没有贼啊？结果被跳出来的强盗当场杀死。这位妻子急中生智，大叫说自己是被绑架的良家女子，骗过强盗，最终想方设法为丈夫报了仇。

冯梦龙还记载了很多临危不惧、善于应变的女子。如《辽阳妇》写三四位妇人能够虚张声势，将山贼吓退；《李成梁夫人》写这位民家女子如何将入室的两名强盗骗入井中，自己得以逃脱；等等。这些智慧女子自救及救人的故事，让今天的我们也叹服不已。

总之，《智囊全集》是每个人一生都享用不尽的智慧宝藏书，常读常新。可从任何一个故事切入，开启你的智慧处世旅程。

（原载 2024 年 3 月 29 日"中华书局 1912"微信公众号，作者系中华书局经典普及出版中心编辑）

这本书编完六年后，我才读懂它的好

马　燕

　　葛兆光先生的《唐诗选注》第一次在中华书局出版是 2018 年。初次接触本书的时候，我出于编辑的工作惯性，一头扎进文献核查的工作中，忽略了对于书的整体把握，以至于没能深入理解这本书的精髓。这次借着改精装版的机会，重新把《唐诗选注》读了一遍，终于明白这本1994 年就已经出版的书，为什么 30 年后还能长盛不衰。

　　"选注"，首先是选诗。想在选诗上别出心裁，殊为不易。毕竟从唐人选唐诗开始，唐诗已经被选了无数次，今人无论怎么细心筛选，"也只是在他人掘过的番薯地里拣漏，拣到了剩番薯个头也不大"。但葛兆光先生基于对诗史的深刻洞察以及对唐诗的细致体验，从浩瀚的唐诗海洋中选出 282 首。其中，好诗名篇自是题中应有之义，不过若只选好诗，就像是选"劳模"，劳模虽好，但并不能反映全貌。所以，葛先生说自己还另有一种选"代表"的方法，即按照诗史的轨迹与诗人的特色挑选最具代表性的作品。比如《至分水戍》（骆宾王）、《深湾夜宿》（王勃）、《古兴》（常建）、《苔藓山歌》（顾况）、《秋怀》（孟郊）、《神弦曲》（李贺）、《重过圣女祠》（李商隐）等都是依据这个原则，而杜甫多选律诗、李贺多选七言歌行、李商隐多选七言律诗等也是出于这个考虑。以骆宾王为例来说，骆为"初唐四杰"之一，"四杰"的共同点是"富于个性的气质、不平则鸣的性格加上一肚子牢骚于悲凉"，但正是这些特点使他们得以摆脱同时代诗人千人一面的应制、酬和诗，为诗坛带来生机勃勃的主题。骆宾王的《至分水戍》等几首边塞诗就有亲身体验的感受和亲眼目睹的意象，是边塞诗的新气象。可以说，《唐诗选注》里的每一首诗，都有它入选的充分理由。

本书所选每个诗人都有自己的专属小传。作者通过小传，梳理唐代诗风的承袭与演变，锚定众多诗人各自在唐代诗史中的位置，单拿出来几乎可当一部极简唐诗史。

人物小传或繁或简，各有侧重。诗人生平部分及诗人排列的先后顺序均依据《唐才子传校笺》。至于诗风，作者则遍翻历朝历代选本与诗歌评论，如在讨论孟郊的诗风时，作者列举了《中山诗话》《临汉隐居诗话》《沧浪诗话》《论诗绝句》《贞一斋诗话》《兰丛诗话》《载酒园诗话》《养一斋诗话》等9种前人诗话中对于孟郊诗之风格的评论，这一方面体现了作者扎实的文献学功底，另一方面也体现了其用力之深。其他诗人小传莫不如此。

当然，小传最引人入胜的地方还是葛先生的"我情我思我见"。他把自己读诗、读史、读人时的感受如实道出，直达诗人的要紧处。比如关于李白的诗风，作者专门选取王安石首先使用过的"快"字，并深入阐释道："李白的诗一方面由于'迅快'而自然流畅气脉贯通，一方面由于'迅快'而显出了豪爽潇洒。可是由于太'快'，也会导致诗思来不及细细琢磨。因此，李白尽管囊括了古代诗歌传统却没有把它消化吸收成自己的东西，他的天才足以让他左右采撷随心所欲，但他的'迅快'并不足以让他重建一套新的诗歌语言，从这个意义上说，他只是一个总结前代的诗人而不是开创后代的诗人，不像杜甫那样善于把诗史传统的终点和未来诗史的起点连接在自己手中。"类似这样的精彩论断，几乎每篇小传皆可见，对读者极富启发性。

本书注释堪称广征博引。作者说自己在注释杜甫的"独树花发自分明"时，为了说明诗人为何要用"明"来写花的艳丽和灿烂，当时收集了李峤的"岸花明水树"、钱起的"高花映竹明"、朱庆馀的"孤花晚更明"、苏舜钦的"时有幽花一树明"、郑獬的"一树高花明远村"、陈后山的"水净偏明眼"、陆游的"频报园花照眼明"、朱熹的"五月榴花照眼明"等，打算对诗歌里用"明"字形容"花"之灿烂的各种方式作一个注解和分疏，只是因这首诗后来没有选入，这些材料也就被舍弃了。大家可以想见，那是完全没有电子检索的 1990 年，作者除了苦苦翻书，别无他法。

与其他选本相比，本书还有一个突出的特点，就是抛弃了传统的诗歌批评"印象和感悟"的方式，而是更加关注诗歌的语言与形式。毕竟，诗歌不是靠你写什么，只能靠你怎么写，也就是如何变化、创新诗歌语言技巧来决定诗人的"诗史意义"。此外，作者还指出诗歌语言技巧的沿袭及影响，有助于读者加深理解与感受。

关于本书的语言风格，有一位豆瓣网友的评价比较中肯："感谢葛老师俯就读者的写作态度，语言通俗易懂，分析具体而微，没了那些玄之又玄的印象式词汇，就连我这种感官迟钝的人，也能将诗的妙处领会一二了。"本书虽然引用材料很多，但丝毫没有堆砌材料的压抑，很重要的一个原因是葛先生善用比喻，时有妙语。举几个让人印象深刻的例子，比如在提到元稹时，作者说，"元稹在后世主要以他那些讽喻性的乐府得以和白居易并称'元、白'，但那些诗写得并不高明，尤其是他在那些诗里常常要发议论，要自我表白，这就好像把心灵掰成了两半儿，真的一半儿闷在肚里，却把假的一半儿写了诗拿来展览"。说到韩愈时，作者说他"好像一个文字博士怀里揣了一大部僻字字典，不时翻开挑出几个嵌入诗中为难读者"。这样的语言风格对于普通读者来说非常友好，同时这也是作者的追求，"能多让高中和大学的年轻人读，这倒符合当初我编选注释这部唐诗选本的初衷"。

总之，本书无论是选诗、撰写小传及注释上，均有新意。本书破除了古典诗歌批评云里雾里的魔障，在梳理诗歌发展沿袭中提供了清晰理解的可能性。从这个意义上说，葛兆光先生走出了一条诗歌评论的新路径，所以，这必将是一本传诸久远的书。

读这本书时，我脑海中一直萦绕着一个场景。那是1990 至 1991 年，40 岁的葛兆光先生在北京城西一个 9 平米的小房间内，摊开满床书册拣选唐诗、查阅各种资料给唐诗作注。这个小房间正是中华书局位于"翠微"的集体宿舍。那时候，可能谁也没有想到，这本书兜兜转转，终于还是到了中华书局。缘分之玄，妙不可言。

（原载 2024 年 11 月 15 日《中国出版传媒商报》，作者系中华书局大众图书出版中心编辑）

学术人生不设限
——谈樊树志教授及其《重写晚明史》

贾雪飞

　　2024 年 8 月 17 日，樊树志教授的五卷本《重写晚明史》在上海书展与读者见面，反响热烈，不少外地读者特意为此赶来书展；2024 年 11 月 3 日，复旦大学历史学系与中华书局合作举行"樊树志《重写晚明史》新书发布暨学术座谈会"，来自全国的 30 余位嘉宾云集，热烈讨论樊树志教授的学术研究及《重写晚明史》的出版价值。作为樊树志教授的学生和《重写晚明史》的责任编辑，感动和震撼之余，再度对樊树志先生及其研究表示最大的敬意！

一、学术三变，曲折中实现发展

　　樊树志教授是新中国培养的第一批历史学家。从 1962 年留校任教起至今，可以说，他 60 余年的治学经历同步体现了国家 70 余年曲折但辉煌的发展历程。

从留校任教到 1990 年代的经济史研究。樊树志教授本科毕业论文以漕运为题，1962 年他发表在《学术月刊》的论文《明清漕运述略》是他本科论文的一部分，也是他得到陈守时教授认可的学术"学步之作"。但 1950 年代到 1970 年代前期，政治运动不断，学者投入研究的时间也极其有限。1977 年恢复高考后，他为给本科生开设"中国土地关系史"课程，写了详细的讲稿，后又花了几年时间修改充实成 50 万字的《中国封建土地关系发展史》。同时，随着国门打开，对经济发展，尤其明清江南经济的研究成为学界的一个热点，夙有经济史研究积累的他，在 1981 年投入对明清江南市镇的研究之中，并在大量文献资料和实地调研基础上，通过多个市镇的个案研究，敏锐地观察到明清江南市镇经济发展背后的人力、技术、贸易与社会经济变迁，著成《明清江南市镇探微》，其后充实完善成 50 余万字的《江南市镇：传统的变革》。

樊树志教授曾说，他"真正谈得上做学问，确实是在 50 岁以后了"。这是他的谦辞，他指的是做学问渐入佳境。出生于 1937 年的樊树志教授，50 岁以后也就是进入 1990 年代之后。此时的他，以《万历传》和《崇祯传》的撰写为标志，开始转入晚明政治史的研究和写作之中。这一时期，他学术研究的成果高峰即是 2003 年出版的《晚明史（1573—1644）》。在世纪之交的前后二三十年，随着中国改革开放的不断深化和与世界交往的日益频繁，学术界也同步呈现出空前的繁荣和思想的活跃。彼时，诸如伊懋可、黄宗智、黄仁宇等学者的研究，及西方以年鉴学派为代表的各历史研究著作纷纷被国内引入、翻译出版，这让国内学者在放开眼界的同时，深深被新的研究视角所启发，开始酝酿建立在自我学术背景之上的、立足全球发展的中国历史研究。可以说，这个时期，既是樊树志教授此阶段的研究背景，也是他的丰实、成熟自我研究体系的现实基础——他一方面在江南经济史研究方向上实现自我突破，完成《江南市镇：传统的变革》的撰写；另一方面完成了 80 万字的《晚明史（1573—1644）》。

从 2004 年 6 月 28 日他在《解放日报》撰文，第一次公开提出"晚明历史大变局"之说，到 2015 年《晚明大变局》的出版，是他学术上再一次的突破和格局的整体提升。正如唐力行教授所评价，樊树志教授"始终是学术前沿的引领者"。无论是他 2004 年就提出"晚明历史大变局"这一新的学术论断，还是 2005 年在对江南市镇的研究中看到了传统的变革，他深厚的学术功底、广阔的学术眼界和关注社会民生的学人意识，让他一直保有一种学者的敏锐性和前瞻性。进入 21 世纪的 20 年，是我国经济高速起飞、社会超车发展的 20 年，也是国人文化自信高涨成熟、科技人文提升到与国际高水平比肩的 20 年。2024 年，在人类社会徘徊于世界历史变局的十字路口时，樊树志教授以五卷本《重写晚明史》呈现晚明时期中国曾经面临的历史机遇和错失发展的历史教训，相信读者见仁见智，会借历史之光照亮我们的前进之路，会在风云变幻的世界历史变局中铆定属于我们的成功之路。

二、在开放中开拓，兼收并蓄铸就
国际学术大视野

从改革开放到世纪之交，随着国际学界日渐密切的交往和丰硕的国际学术成果爆炸性的涌入，国内学者们开始从问题意识、概念术语、方法逻辑、理论建设等层面反思学术研究，并以脚踏实地的求索和实事求是的精神，促就了社会经济史研究的繁荣时代。完整且深度介入这个历史过程的樊树志教授，在这个过程中形成自己"开放且开拓"的学术精神。

1980 年代开始，作为复旦大学历史系的教授，樊树志频繁参与同国际学者的互动、互访，以及与之开展的合作研究。比如 1980 年代初期，他多次接待日本名古屋大学教授森正夫等到复旦大学的访问；1983 年在森正夫对复旦大学进行长期访问的 6 个月内，他们与伍丹戈教授组成三人研究会，定期讨论明代江南官田与民田问题；1986年 6 月至 12 月，他作为交流学者至日本关西大学访问，期间应邀至东京大学、大阪大学、名古屋大学、九州大学作学术讲演，并参加京都大学人文科学研究所"明清班"的研讨活动等。

正是因为樊树志教授从认真治学之初就有着开阔的学术视野，所以从 1987 年的《明清江南市镇探微》一书开始，他的著作就以坚实史料功底和开放的国际视野为特色，享誉学界。诚如黄敬斌教授所评价，《明清江南市镇探微》"较早跳出了生产关系更迭、'发展或停滞'两分的问题意识，以乡村的都市化（城市化）、区域和国内市场网络的结构与功能作为论证重心，从而真正实现了明清经济史问题意识和研究思路的转型"。"这与他积极学习和吸纳国外中国史研究的理论和方法，因此在研究中较早打开眼界、建立起国际化的学术视野是分不开的。"

2015 年出版的《晚明大变局》是樊树志教授国际化学术视野的代表著作。书中，他甄别借鉴、吸收融汇国际学界最新成果基础，提出全新的学术论断。是书广征博引近年欧美、日本学界的著述，检讨辨析，从 6 个方面论述证明晚明时期出现的历史大变局——"'海禁—朝贡'体制的突破""卷入全球化贸易的浪潮""江南市镇：多层次商品市场的繁荣""思想解放的潮流""西学东渐与放眼看世界的先进中国人""新气象：文人结社与言论"。该书以全球史的视野，将晚明社会置于世界历史的进程中讨论，激起学界和国人的一致关注和长期讨论。

2024 年 10 月，樊树志教授就五卷本《重写晚明史》接受媒体采访时说："15 世纪末到 16 世纪初，欧洲航海家发现了通往东方的新航路，发现了美洲新大陆，人类历史进入了崭新的时代，成为欧洲中世纪走向近代的转折点——此前在欧洲人心目中，世界经济史是以中国为中心的。从这个意义上讲，中国与欧洲的近代化几乎同步，或者可以说晚明是中国近代化的发端。""16到17世纪的晚明，在经济、社会、文化、思想各方面发生了巨变，出现了新现象、新因素、新突破，一言以蔽之，近代化已初露端倪。"米寿之年的樊树志教授，把晚明的中国放入发展着的世界中加以考察，如数家珍地讲述晚明在贸易、文化、思想方面出现的新景象。"中国的近代化起步，与欧洲几乎同步，但由于种种原因步履维艰，夹杂着停滞乃至倒退，逐渐落伍"，他语重心长地说，尽量如实地呈现历史，以之启发后人的思考，"这可能就是历史研究的意义所在"。

三、身体力行，向宏大叙事致敬

对于樊树志教授五卷本《重写晚明史》，读者最直观的感受是波澜浩荡的宏大叙事——230余万字、5卷篇幅，书写了晚明自嘉靖中期到南明小朝廷覆灭间100余年的历史。

熟悉晚明史研究的读者知道，与诸如李文治、谢国桢等研究晚明的学者不同，樊树志教授对"晚明"的界定为1573—1644年，也就是万历元年至崇祯十七年。用他自己的话说，这样选择，一是便于研究，二是符合世界近代史发展的逻辑。但在《重写晚明史》中，其涵盖的历史时段在原来定义的"晚明"基础上前后各延伸了30年——为了把万历初年张居正锐意进行的吏治和经济改革的背景交待清楚，全文从嘉靖中期内阁争斗和迭代讲起，让读者对新政改革血雨腥风的政治背景和张居正如何从热血青年转变为工于谋略的政治家有一个全面的认识；而全书结尾以写下"冲冠一怒为红颜"名句的江南名士吴梅村的人生为切入点，循着他的际遇和视界看明末清初的世事更替和世道人心，以"眼看他起朱楼，眼看他宴宾客，眼看他楼塌了"的悲凉余音作为全书收尾，启发读者对晚明历史，乃至整个人类历史的无尽思考。

"随着学术的积累，学者应该不断突破自我"，樊树志教授如是说。从《明清江南市镇探微》到《江南市镇：传统的变革》再到《江南市镇的早期城市化》，从《晚明史》到《重写晚明史》，樊树志教授一直在不断地实现突破自我，不断地冲破"天花板"，将学术研究进行到最高处。

在不断实现自我学术突破的同时，樊树志教授心心念念的另一件事就是希望青年学者能突破碎片化研究的牢笼。他曾借用《历史学宣言》所指出的当今研究者的通病——越来越限于专业化、碎片化的研究，视角日益狭隘而不自知，对长时段的宏大叙事不屑一顾——来表达他对当今碎片化研究的担忧：由于碎片化研究过于琐屑冷僻，逐渐流于自说自话，无法在学术平台上引起争鸣。他要以

《重写晚明史》向宏大叙事的历史研究致敬。

《重写晚明史》确实是一部宏大叙事的史学典范——全书在导论《晚明大变局》之下，按时代顺序分四卷展现万历时期的新政改革（《新政与盛世》）、天启一朝的党争之祸（《朝廷与党争》），以及崇祯朝从内忧外患到王朝覆灭（《内忧与外患》和《王朝的末路》），历史的纵深感和时代的延展足以撑起宏大的历史场景；同时，全书容纳诸如经济史、政治史、制度史、文化史、学术思想史、中西文化交流史等研究领域，涉及几百种各类史书、文集、方志、笔记、研究著作等核心参考文献，领域的宽广和史料的丰厚，为宏大叙事填充了丰富的细节和鲜活的场景。

樊树志教授在 80 余高龄后，以一己之力完成 200 余万字的巨著《重写晚明史》，他在治学上的不懈努力，他将学术融入生命，让每一个认识他的人都对他肃然起敬；他 80 余保持强大的脑力，持续的体力，让每一个认识他的人都羡慕不已——"不断突破自我""人生不设限"，樊树志教授做到了，这不也是他给我们的莫大激励吗？

最后，以一段小故事来结束本文。

在最近的专访和学术讨论会中，很多媒体注意到樊树志教授曾经谈到过的"工作就是最好的养生"这句话。这句话的出处是在 2016 年 4 月 29 日的秦淮河畔。当天，我和师妹陪樊老师到南京进行一场关于《晚明大变局》的学术讲座，下午抵达南京后，忙里偷闲到夫子庙怀古，出来后在河畔小坐闲聊。谈到很多读者都在问樊老师的"养生"秘诀。樊老师笑:"我哪里有养生?!对我来说,工作就是最好的养生。"我和师妹也大笑。我随手拍了一张樊老师仍在笑着的照片,并发朋友圈:"樊老师说,工作就是最好的养生。"

　　(原载 2024 年 11 月 11 日《澎湃新闻》,作者系中华书局上海聚珍文化传媒有限公司编辑)

一条少有人走的涅槃重生之路

——再读曾国藩

欧阳红

　　曾国藩死后被称为圣人，百多年后仍然受人推崇。

　　曾国藩留给后人的，有太多可以学习、借鉴，值得研究。

　　曾国藩身上，具备太多的优秀品质：坚忍、宽厚、有毅力、有耐心、克己自律、有大局观……正是这些优秀品质帮助他建功立业，从一介书生成长为国家栋梁，位极人臣。

　　著名清史专家林乾、迟云飞积数十年之功，撰写的《曾国藩大传》新近出版。再次读曾国藩，越发了解这位历史巨人的成长轨迹，对他何以能达到"立德、立言、立功"三不朽的至高境界，有了不同的体会。他青年时期，就显示出异于常人的意志力，付出的是超乎常人的努力，尤其是他能经受住诱惑，不断自我激励，坚持不懈自我改造。最终，他经受住大火的涅槃，不断超越自我，获得重生。

一、曾国藩是怎样一位历史巨人？

曾国藩（1811—1872），晚清名臣，湖南湘乡人，21岁考中秀才，23岁中举，27岁中进士，41岁创立湘军，61岁去世。

曾国藩出身平凡，家世并不显赫，却凭借自身奋斗，从草根升级为挽救清王朝的辅弼重臣。

曾国藩追求进步，由一个穷翰林7年连升12级，37岁官居二品。最终官至两江总督、直隶总督、武英殿大学士，封一等毅勇侯，谥号文正，获得文臣死后的至高荣誉。

曾国藩生逢末世，清王朝没落，国势衰微，又值列强入侵，他深谋远虑，主动拥抱世界，接受西方新科学为己所用。清王朝危急之时，他创立湘军，挽狂澜于既倒，扶大厦之将倾。他屡败屡战，在逆境中咬牙励志、赤地立新，在顺境中功高自警、全身而退。

曾国藩胸怀大志，有强大的精神内核，刻苦钻研程朱理学，克己自制，逢过必改。他提倡经世致用并付诸实践，追求"内圣外王"的最高境界。

曾国藩一生的事功，非一般人能比，他身上具备的优秀品质，更是很多现代人缺乏的。他之所以能成就一番事业，达到"三不朽"，缘于他不断的自我激励、不懈的努力奋斗、不断的自我提升，缘于他的识人用人眼光，更缘于他超越时代的远见卓识。

曾国藩的人生赛道，以他创立湘军为界咸丰二年（1852年）十二月，可以分为前后两个阶段。前半段是他青年时期，即考学与做京官时，和普通人看似没什么区别；后半段是他中晚年时期，从创立湘军直至去世。前半程，是他成长积累与人格品性的塑型期，更是他由书生变蛟龙的重要蜕变期；后半程，是他人生起伏跌宕、逆风飞扬的重要时段，一步一步走向巅峰，成为人生赢家。

二、曾国藩是怎样打造自己的新人设?

曾国藩少怀大志，内心有着热切的渴望，希望建功立业、留名清史。因此，树立目标重塑自己，是曾国藩年轻时最为看重、用功最深之事。

一、改名。曾国藩原名曾子城，中进士后，他的老师认为这个名字鄙俗，因此改名为国藩。从此，世间只有曾国藩，再无曾子城。

二、写下"五句箴言"。告诫自己立志、居敬、主静、谨言、有恒，以此来激励自己、提升自己。

三、立大志。曾国藩自比李斯、陈平、诸葛亮，深信自己能成为国家栋梁，且坚定地朝着目标奋斗。

四、写日记。每天坚持写，通过日记提点、自省，使自己言行一致。

五、立下十二条课程。

1. 敬。整齐严肃，存敬畏之心，做事心无杂念。

2. 静坐。每天静坐四刻，养浩然正气。

3. 早起。黎明时起床，醒后不赖床、不贪睡。

4. 读书不二。读完一本书再读别的书。

5. 读史。每天读二十三史，从不间断。

6. 谨言。说话谨慎，时时留心。

7. 养气。气藏丹田，事藏心底。

8. 保身。节劳、节欲、节饮食。

9. 日知所亡。每天读书写下心得体会。

10. 月无亡所能。每月作诗几首，不丧心志。

11. 作字。坚持饭后写字，一日事情一日了，不积欠过多。

12. 夜不出门。晚上不出门，免得损身劳神。

这 12 条作于曾国藩中进士之后，是他自我督促、重塑自己的具体办法。此时的曾国藩，意气风发，见识渐多，与理学家唐鉴、倭仁等一起研习宋学，他深刻认识到，人生目标的实现，必须经过脚踏实地的长时间积累，每天进步一点点，只要一息尚存，就要克服艰难险阻，勇往无前。

三、曾国藩是怎样解决自己的精神内耗？

曾国藩科考之路较为顺利，运气也好，29 岁便点了翰林（1840），入了翰林院他决心用功读书，没想到先是玩了几十天，接着又是迎来送往，喝酒、闲侃。在日记中，他每天检讨，不过此时他仍改不了坏毛病，任由日月蹉跎。《曾国藩大传》作者一针见血地指出："显然，这种品性，若不能自察自改，是无益于自己的目标，不能成就大事的。"

曾国藩自知身上毛病太多，贪图虚名、好色、懈怠、出言不慎、争强好胜……个个都阻碍了他的进步，要实现人生目标，必定要改过自新。

那么，他是如何改掉坏毛病的？且看下面几则故事：

进入翰林院的第二年，一天曾国藩出门拜客，在朋友家吃午饭，饭后又去另一家庆生，晚上辗转至别处听昆曲，晚上八九点才疲惫折回。回家后他开始反省，自己立志不坚定，太浮躁了。白天的应酬，明明可以不去，却还是随波逐流。这天的日记，他充满自责，写下"戒之"二字，强迫自己静下来读书，但效果不佳。他又自我检讨：为什么要频频社交？无非是贪图虚名，爱听些奉承的好话，今后一定要减少往来，改掉这个大毛病。

年轻的曾国藩，呼朋引友，谈诗论赋之余，不免也说些东家美媳西家婆娘之类的浑话。朋友陈源兖新纳了小妾，姿色不凡，曾国藩十分羡慕，借故到陈家，假意聊学问，又说陈艳福不浅。这还不算，曾国藩非要一睹芳容，当着人家的面说了些挑逗的话，令人十分难堪。回家后，曾国藩写下日记，恨自己太出格、"大不敬"。

曾国藩的发妻欧阳夫人身体不好，经常得病。一次曾国藩参加进士同学聚会，排场豪华，姬妾如云，他欣喜不已，对着一群美人东张西望，极不得体。回到家，夫人正闹病，曾国藩心情很是不爽，尤其是夫人的呻吟声更让他烦躁。白天的佳丽良辰与病榻上的哼哼唧唧，形成极大反差，曾国藩忍无可忍，跑去找朋友聊天到很晚。第二天，夫人病情加重，他才请来大夫给夫人瞧病。一番折腾，让曾国藩痛感自己欲望太多，理学功夫也有退步，一听到别人谈理学就诚惶诚恐。他决心改造自己，斩断根缘，并发誓要与这坏毛病血战一番。

还有一次，听说在菜市口要斩杀武官，别人约他一起围观，曾国藩欣然同往。走到半路又觉自己"仁心丧尽"，很后悔，心想还是别去了吧。日记中，他充满自责，做吃瓜路人，凑这种无聊的热闹，也太荒谬了。

上面这些，只是曾国藩改掉坏毛病的几个方面，他按理学家要求，克己窒欲，求过改过。对自己喜欢论人长短、说话尖酸刻薄、脾气太大、不合群、待人处事不稳重、吸烟等缺点和弱点进行改造。好名、喜色改掉了，烟也戒了，"三戒"之后只留下一个下围棋的爱好。

曾国藩这个人，对自己可真够狠呐。也惟其如此，才成就了后来的曾国藩。

曾国藩本人也说过，人的品性是可以改变的，但不能只停留在表面上、口头上，要迎难而上、下决心下大功夫去实现。正如《曾国藩大传》的作者所说："无论是立德、立言，还是立功，'不朽'的道路是异常艰难的。"有人说曾国藩资质平平、禀赋一般，作者并不认同这个说法，有这样的毅力，有这么多优秀品格，还能真正超越自我成就大事，达至人生"三不朽"，本身就不是普通人，资质与禀赋也不差。用现在的话说，曾国藩自驱力超强，知行合一，在日复一日的良性循环中不断升级，走向自己的涅槃。

（原载 2024 年 11 月 3 日"中华书局 1912"微信公众号，作者系中华书局近代史编辑部编辑）

用热爱和信念去追寻

——《满世界寻找敦煌》书评

赵一然

自 1900 年莫高窟藏经洞被发现，敦煌，便不再只是西北边陲的一个地名，它所蕴含的文化能量释放并传递到全世界，成为美丽与神秘的代名词。后人多慨叹敦煌文化的精妙与丰厚，中国学人则不远万里奔赴国内外每一个藏有敦煌文物文献的博物馆、图书馆。北京大学博雅讲席教授、中国敦煌吐鲁番学会会长荣新江先生的新作《满世界寻找敦煌》，正是对这一追寻历程的深情回顾与全面梳理。这本书不仅是一部个人学术史的精彩记录，也是中国敦煌学研究跻身世界学术之林的生动缩影，更是国际敦煌学学术史上不可或缺的重要篇章。

一、跨越时空的追寻

《满世界寻找敦煌》的书稿基础是作者在中国丝绸

博物馆的演讲文字，然后在《文史知识》连载，第十一、十二章的"中国部分"是作者特意在北大讲了两次课，最终汇成12讲。

地理上，荣新江先生用40年的时间，走访了11个国家的48座城市的公私立收藏机构。从英国、法国、德国，到丹麦、瑞典、日本、美国，以及中国。学术范畴上，以敦煌的东西为主，但此外还包括吐鲁番、和田、库车、焉耆等。全书按地域和时间顺序排布，条理清晰，内容连贯，从为什么要去，到怎么去，见了谁，找到什么文献，研究出什么成果。辅以手绘地图、照片、信件、资料比对、宣传册页等，琳琅满目，极大地丰富了图书的内容和阅读的体验。

全书以文物流散历史为根，以寻访文献的行程为干，以所访文献为枝，以学人学事为叶，以途中趣事为花，以研究为果。作者不仅记录了自己的寻访经历，更是将其所见放到19世纪的西域探险史、考古史以及他所从事的相关领域的研究脉络中进行分析，这种学术视野和学术追求，使得这本书不只是一个旅游手账或个人学术史整理，更是一本史学研究指南。

二、图文并茂的指南

这是一本旅行的指南。荣新江先生"满世界寻找敦煌"的旅程，开始于1984年在荷兰莱顿大学的交换，那时候没有手机，没有互联网，没有 E-mail，仅仅依靠着纸质地图（不管是印制的或者手绘的），便踏上这求索之路。有趣的是，留学生们之间有一套自己的招待与投宿解决方案，比如两个留学生互相到对方的学校所在地去访学，便提前约好，互借住所，这叫"对开"；抑或联系学校学生会的相关负责同学，他就能帮忙联系驻地同学的空闲住处，接待安顿游学的新同学。留子间的信任感，简单而纯粹。书中的信件、手绘地图、合影等图片也增加了许多趣味性。

这更是一本学术的指南。书中，作者梳理了 19 世纪以来西域探险史，详细介绍了敦煌和其他西域文献文物被发现、传播和收藏的过程，通过对藏品的梳理、不同版本文献的比对、不同收藏机构收藏残片缀合的结果等图片，展示了从文献文物的角度切入西域研究的过程与路径。敦煌藏经洞被发现 100 多年来，从罗振玉、王国维，到王重民、向达，到本书作者荣新江和书中提到的诸位学者，中国的学者编目、抄录、影照，到如今实施"敦煌文献系统性保护整理出版工程"，推进数字化回归，这不仅是作者一个人在满世界寻找敦煌，更是借作者之眼之笔，记述了中国学者满世界寻找敦煌宝藏的过程。

三、用一本书找到你

对于学术研究者而言，这本书实际上并不是严肃学术成果的整理与发表。它更像是一个老朋友翻开收藏多年的相册，聊起那些年一起为了找到学术的根脉，培育学术之林的过程中发生的故事。同行记忆里的心照不宣，会带来一种知其所以然之后回过头看知其然时找回初心的纯粹感。

对于传统文化爱好者而言，这本书有丰富的图片与文物素材，也有前互联网时代旅途与学人间的交往。在旅行故事中，穿插敦煌学的常识与掌故，使之成为一本通俗易懂、引人入胜的敦煌学入门读物。

笔者以为，这本书最适配的读者，其实是有意于或刚踏上人文学科学习研究这条路的年轻人。荣新江教授有著名的"方法论"专著——《学术训练与学术规范：中国古代史研究入门》，更有丰硕的学术研究成果，包括《归义军史研究》《敦煌学十八讲》《中古中国与外来文明》《中国中古史研究十论》等等。《满世界寻找敦煌》恰是介于这两者之间，是方法论的实践记录，是学术成果的寻本溯源。荣教授用自己的经历给大家做了非常好的示范，不仅有探访前的全面调研、探访时的刨根问底，还有探访后的成果整理及资源分享。这本书完成了从理论到成果的实践全纪录，非常适合每一名学子，从中感知学术的精神，学习学术的方法。

《满世界寻找敦煌》让我们看到中国学者在追寻敦煌宝藏过程中所展现出的热爱与信念，也让我们更加深刻地认识到敦煌文化在世界文化遗产中的重要地位和价值，更提醒我们文化遗产的保护需要全球的共同努力。期待这本书在世界范围内发挥更大的影响力。

（原载 2024 年 12 月 23 日"中华书局 1912"微信公众号，作者系中华书局观物工作室员工）

每一爪轻抚，都是与历史的亲密对话

——《中国撸猫简史》导读

刘冬雪

　　猫儿是时间的细腻雕刻者，也是历史的温柔见证者。侯印国、李嘉宇两位老师合著的《中国撸猫简史》一书，在读者朋友们的热情期待中正式出版了。这本书是32开裸脊平装的，彩色印刷，附一个"撸猫"诗词200首的小册子，还赠送一枚精美书签。

狸奴魅影万千重：呆萌可爱的外表与鬼蜮灵变的想象

　　古人常常将家猫唤作"狸奴"，资深猫奴、南宋诗人陆游曾挥毫写下多首猫诗，其中有"裹盐迎得小狸奴，尽护山房万卷书"的期待与厚望，也有不图猫儿能够成长为一只对社会有用的猫，只要有"溪柴火软蛮毡暖，我与狸奴不出门"的陪伴便心满意足的小确幸。"狸奴"的呆萌可爱征服了很多内心柔软、热爱生活的古人（当然，还有现代人），然而，猫红是非多，总有人瞪大眼睛，从它们的娇媚萌态中看出一丝邪魅的暗影。古人围绕猫儿灵变所产生的鬼蜮幻想不断出现并演变，逐渐衍生出很多扑朔迷离、匪夷所思的传说，见于多种典籍的记载。

《中国撸猫简史》一书梳理了这些奇闻异事，将猫神、猫妖、猫精怪等听起来虚无缥缈，却又被历史"记录在案"的故事和盘托出，比如介绍一种叫作"猫鬼"的巫蛊之术，以及由此而起的"猫鬼神"信仰；讲解各种猫儿成精后害人或助人的故事，反映因果报应的理念；还提到广为流传的吸取月光精华后"久而成怪"的金华猫妖之传说。可贵的是，作者重点在于揭示其背后的历史文化内涵，使我们能够掌握其中的逻辑理路，从而做到既不厚今薄古，将其一概扫入封建迷信的垃圾堆，又能辩证地理解和认识其在思想文化史上的独特价值与意义。

聘猫、画猫、浴猫：与"喵星人"有关的文化习俗

猫儿从野外进入到人类社会，之后逐渐成为能够为人类提供情绪价值的宠物。"宠物"身份的形成，标志着猫与人的距离已大幅拉近，两者之间的关系起了变化，所承载的情感寄托已不能为一般的动物所比拟或替代。相互慰藉的感情基础越发牢固后，与猫儿有关的文化习俗便衍生出来了。

比如，宋代人"撸猫"仪式感满满，聘猫如娶妻，一波操作猛如虎：从一开始的相猫，到选吉日下聘礼，再到立下猫儿契，将其带回家，之后还要再搞一些仪式，防止猫儿离家出走。总之，各个环节都有讲究。自古画猫的名家很多，比如何尊师，他画的猫儿太过活灵活现，老鼠见了纷纷逃走。而且古人相信，金危危日画猫最能镇鼠。还有能从猫图中看出隐藏信息的，比如牡丹丛下窝着一只猫，见猫眼为一条竖线，便能判断出画的是正午牡丹；在元代，农历六月六日为浴猫节的习俗逐步定型。古人相信，这一天给猫儿洗澡，能防虱子、治癫病，好处多多。不过当时给猫儿沐浴的方式还比较原始，就是直接投进河水里洗干净。

《中国撸猫简史》的作者紧紧围绕《纳猫经》《相猫经》《猫乘》《猫苑》等核心史料，对与"喵星人"有关的文化习俗做较为全面的介绍，内容丰富，妙趣横生，绝对能让爱猫人士们深切地体会到，我们撸的不仅仅是猫，更是厚重的历史文化、愉悦的现实生活，以及美好的未来憧憬。

古代猫奴探赜：从爱猫、养猫到为猫写诗著书

爱猫之心，古今人皆有之。《中国撸猫简史》为我们呈现了唐代资深猫奴、有"猫精"之称的张搏与他品种众多的爱猫之间的故事。据史料记载，张搏的猫"一曰东

守，二曰白凤，三曰紫英，四曰怯愤，五曰锦带，六曰云图，七曰万贯，皆价值数金，次者不可胜数"。

古人爱猫的表现之一，便是给猫儿起各种美名，每每唤之，观其萌态，日日如此，想必再多的烦恼也会烟消云散。还有很多猫名是与毛色有关的，比如四时好、玳瑁斑、衔蝉奴、乌云盖雪、将军挂印、金钱梅花、银枪拖铁瓶、金簪插银瓶等等，不胜枚举。另外要说的是，宫廷中畜养的猫儿，或是生养在富贵人家的猫儿，平日里伙食好得很，除鱼肉之外，还能吃上猪肝、猪肉、猪蹄等食物，幸福感简直爆棚，怪不得从毛色到仪态都亮丽惹眼。

自发的称颂往往由爱而生，随着情感的日益深厚，古代猫奴们开始为心爱的猫儿吟诗作词，甚至著书立说。《中国撸猫简史》一书有个附录，叫作《诗词里的猫："撸猫"诗词二百首》。作者辑出的猫诗、猫词令人眼前一亮，我们不仅能看到大诗人陆游的作品，还能从中认识众多名不见经传的古代文人，他们与我们一样爱猫、养猫，借着这本书的缘分，我们与他们在交错的时空里悄然相遇了。还有人专门为猫写书，看完《中国撸猫简史》，俞宗本、沈清瑞、王初桐、孙荪意、黄汉等一连串名字，一定会深深印刻在我们的脑海里。

《中国撸猫简史》不只是一本书，它更像是一扇窗，让我们看见中国千年文化中的一抹温柔亮色。内心柔软、热爱生活的读者朋友们，让我们一起探索中国悠久的猫文化与撸猫艺术，在书中与猫儿共赴一场穿越时空的"大冒险"吧！

（原载 2024 年 7 月 3 日"中华书局 1912"微信公众号，作者系中华书局大众图书出版中心编辑）

西王母、驺吾、穷奇……它们的原形是什么动物？答案都在这本书中

贾晰涵

每个孩子的童年都会有一本爱不释手的书。鲁迅儿时心心念念的即是一套绘图本《山海经》，里面画着"人面的兽，九头的蛇，三脚的鸟，生着翅膀的人，没有头而以两乳当作眼睛的怪物"。即便那只是一部刻印十分拙劣的本子，"纸张很黄；图像也很坏，甚至几乎全用直线凑合"，鲁迅还是将它当作童年时期最为心爱的宝书。《山海经》究竟是怎样一部书，让鲁迅如此难以忘怀呢？

《山海经》可谓中国古代的一部奇书，内容驳杂丰富，包罗万象，堪称一部中国上古时期的百科全书。它以山川地理布局为线索，记录各地的奇花异草、珍禽异兽、矿藏物产，更有诸多神话宗教、民风民俗以及巫术医药等内容。它大约成书于春秋战国时期，汉代的刘向、刘歆父子对其进行校勘整理。千百年来，《山海经》充满奇幻色彩

的记载吸引着历代学者对其进行注释、考证和绘图，至今仍源源不断地为文学、影视、绘画等文艺创作提供灵感，被视为中国神话之源。

中国古代版《神奇动物在哪里》

J.K. 罗琳担任编剧的《神奇动物在哪里》系列电影中，中国神兽"驺吾"的出场惊艳了世界各地的观众。这种神奇动物的原型正出自于《山海经》：

> 林氏国，有珍兽，大若虎，五彩毕具，尾长于身，名曰驺吾，乘之日行千里。（卷十二《海内北经》）

银幕上的驺吾有一条长于身体几倍的大尾巴，体型庞大却行动敏捷，像猫一样喜欢追逐毛球，与其威猛的身躯形成一种"反差萌"。

驺吾仅作为一种外形奇特的生物在电影中短暂出场，而在中国古代，它具有更加深厚的文化内涵。相传商纣王囚禁周文王时，有人到林氏国求得驺吾兽，献给纣王，纣王大喜，于是释放文王。古人认为这是一种象征着仁德、忠义的神兽。它不践踏绿草，不捕杀活物，只吃自然死亡的动物。天下太平，驺吾就会出现，王者有德，驺吾就会听从他的号令。

除了驺吾之外，《山海经》里还有数百种珍禽异兽，记载它们栖息的地区、外貌特征、生活习性以及"特异功能",简直是一部中国古代版的《神奇动物在哪里》。有些神奇动物外表接近现实世界中的动物,例如:样子像马,带有老虎斑纹的鹿蜀;长得像小猪,体内有珠子的狪狪。

还有一些则超出人们的想象,例如马身人面,长着老虎斑纹和鸟翅膀的神英招,它掌管着天帝在人间的苑囿;人面虎身,生有九条尾巴的神陆吾,它把守着昆仑山;还有长的像牛,只有一条腿的夔,黄帝用它的皮制成的鼓,声震五百里。读《山海经》,让人不禁想象远古时期是不是真的存在一个奇幻瑰丽的世界,神灵精怪出没其间,人类只是对自然充满敬畏的孩童。难怪迅哥儿也为之着迷。

有些神奇生物的"特异功能"寄托着中国古人的美好愿望。《山海经》中记载,丹穴山上有一种鸟:

> 其状如鸡,五采而文……首文曰德,翼文曰义,背文曰礼,膺文曰仁,腹文曰信。是鸟也,饮食自然,自歌自舞,见则天下安宁。(卷一《南山经》)

这种鸟就是凤凰。它身体各部分的纹样,各代表一种美德,它一出现天下就会太平安宁,体现出先民对美德的追求,对和平的向往。还有一些怪兽则代表着不祥的征兆。一种名叫毕方的怪鸟,只有一只脚,它出现的地方会发生奇怪的火灾;外形像狐狸,生有鱼鳍的朱獳,它出现在哪里,哪里就会发生恐怖的事。这些具有不同寓意的神奇生物，是上古中国人探索自然界运行规律和人类社会发展规则的一种体现。

中国神话之源

神话是一个民族最为古老的记忆，反映着上古先民的世界观。除了我们所熟知的夸父逐日、精卫填海等神话，许多广为流传的典故、传说，其根源都可以追溯到《山海经》。这些故事经过一代又一代中国人的解读和传承，成为中国传统文化的一部分，深植于我们的精神世界之中。

九尾狐一直是中国神话传说中经久不衰的形象。在明代小说《封神演义》中，九尾狐被塑造为诱惑害人的形象，清代蒲松龄创作的狐妖则是美丽、善良、侠义的女子。如今电影《封神》、动漫《狐妖小红娘》等文艺作品，也对狐妖这一形象进行多种多样的演绎。

实际上，《山海经》中最为原始的九尾狐形象是一种既凶险，又可以辟邪的生物，它们会吃人，人吃了它的肉，则可以不沾染妖邪之气：

> 又东三百里曰青丘之山……有兽焉，其状如狐而九尾。其音如婴儿，能食人，食者不蛊。（卷一《南山经》）

再比如西王母，在后世的传说中，西王母是玉帝的配偶，在电视剧中常作为反派出现，让牛郎和织女、七仙女和董永们情路坎坷，让年幼的我们在电视机前义愤填膺。然而《山海经》记载的西王母则与玉帝没有什么关系，她形貌像人，长着豹子的尾巴和老虎的牙齿，善于长啸，头发蓬乱，戴着玉簪，掌管着天上的灾祸和刑罚，可见是一位严厉、公正的神明。

《山海经》记载，西王母身边有为她寻找食物的三青鸟。在唐代诗人李商隐的诗句"蓬山此去无多路，青鸟殷勤为探看"中，三青鸟已经成为传递爱情与相思的信使，演变成一份中国人独有的浪漫。透过《山海经》，我们能够了解中国神话的原初风貌，追寻传说、典故的演变脉络，更好地认识和了解传统文化。

孩子读得懂的《山海经》

小学语文教材四年级下册第四单元是专门的神话单元，其中文言文《精卫填海》便选自《山海经》。《山海经》也是该单元的课外拓展阅读书。

但《山海经》原著内容丰富驳杂，文字量大，孩子容易望而生畏。因此，我们根据孩子的实际阅读能力和阅读兴趣，推出一本适合孩子阅读的《山海经》。

首先，这一版《山海经》精选适合孩子阅读、孩子感兴趣的经典篇目。《山海经》原著共 18 卷，内容非常庞杂，包括山川地理、花草树木、珍禽异兽、矿藏物产、神话传说、宗教信仰等，其中有些内容孩子不易理解，也非兴趣所在。因此，"语文课推荐阅读丛书"的《山海经》主要选取"珍禽异兽"和"神话传说"两方面的内容，且18卷每一卷都有篇目入选，共选取96篇经典之作。

《山海经》原著目录是以山、海的方位来命名和编次的。原著目录对孩子来说非常抽象，不能直观了解到书中内容。"语文课推荐阅读丛书"的《山海经》对原著目录进行了优化，为入选的每一篇重新拟了标题，以神兽、神话的名字作为标题名，每一篇写了什么内容一目了然。而且所选篇目包括了大家耳熟能详的经典篇目，例如精卫填海、夸父逐日、大禹治水，等等。同时，我们还专门编排了"插图目录"，方便孩子快速查找喜欢的神兽或神话故事。

其次，为了让孩子读得懂，我们设计了一个能帮助孩子轻松读懂《山海经》的体例。

如书前有"导读"，介绍《山海经》是一本什么样的书、《山海经》里的珍禽异兽都有哪些类型……帮助孩子了解《山海经》的全貌。原文大字注音，对疑难字词加以注释，完整而准确的全篇翻译，简洁而生动的"解读"，扫清孩子的阅读障碍。

文后的"博闻馆"更是本书的特色板块，从动物学、植物学、天文学、地理学、考古学等多学科角度，解读《山海经》内容，如："鹿蜀这种动物现在还存在吗？""建木是不是三星堆青铜神树？""印第安人与羽民国有关联吗？"……古今联系、学科融合，帮助孩子拓展知识，开阔视野，培养发散思维。

本书采用清代汪绂及其弟子绘制的《山海经存》图作为插图，生动而富有古韵，还原古人眼中的奇幻世界，既能帮助孩子理解原文内容，又留有丰富的想象空间。

书后还设计了"读书记录卡"，示范如何概括内容提要、如何整理《山海经》中的神兽以及如何撰写读后感，引导孩子养成边读书边动笔的阅读好习惯。

总之，"语文课推荐阅读丛书"的《山海经》降低了阅读门槛，能够让孩子轻松进入《山海经》的世界，汲取《山海经》的精华内容。

（原载 2024 年 8 月 8 日"中华书局 1912"微信公众号，作者系中华书局青少年读物编辑部编辑）

学林散叶

金灿然初中时期被捕经历

王贵彬

金灿然（1913.3.11—1972.12.12），山东省鱼台县谷亭镇人，新中国古籍整理出版事业重要的奠基人和开拓者之一。1958 年 4 月，金灿然从文化部出版事业管理局副局长的任上，被调往中华书局任总编辑兼总经理，并任国务院古籍整理出版规划小组成员，负责小组办事机关的工作。当时的中华书局，刚刚从财政经济出版社分出，独立经营不久，面临着编辑方针调整、编辑人员缺乏等诸多困难。金灿然到任后，在古籍整理出版规划小组组长齐燕铭的支持下，克服种种困难，主持制定古籍整理出版远景规划，并先后组织出版点校本"前四史"，以及《永乐大典》《全唐诗》等重要基本古籍，为新中国古籍整理出版事业的发展作出开拓性贡献。事实上，从 1958 年因"同情支持右派分子张友松，犯严重丧失政治立场错误"，由文化部调入中华书局开始，到 1965 年因第二次脑部手术导致无法正常工作时止，金灿然主持中华书局工作仅 7 年左右的时间。他之所以能够在这样不长的时间里迅速打开工作局面，为新中国的古籍整理出版事业作出巨大贡献，与他青年时代曾在北京大学史学系接受过初步的、较系统的史学训练，是一个懂业务的领导者有很大的关系；但同时，也与他在青少年时代即接触共产主义思想，具有坚定的政治信仰和坚韧不拔的品质，能在逆境中为自己的理想不懈奋斗有很大关系。这两方面的结合，使他最终成为一名优秀的革命出版家。

目前有关出版家金灿然的研究成果，多为学术界、出版界人士所写回忆与其交往经历的文章，且有关史实多集中于他在 1958 年调入中华书局工作后的时间段，而对他早期的经历涉及甚少。现主要依据新见史料，对金灿然在中学阶段的经历进行梳理，以补现有研究的空白，进一步深化对金灿然的研究工作。

1912 年 1 月 1 日中华民国成立后，蔡元培出任教育总长，他对清末 1902 年制定的"壬寅学制"进行改革，在课程内容上取消了忠君尊孔内容，制定了近似于法、德学制的"壬子学制"。1913 年（癸丑年），该学制又进行了部分修改，称为"壬子癸丑学制"。"壬子癸丑学制"将普通教育分为小学、中学和大学三个阶段。其中，小学阶段分为初级小学和高级小学，初级小学的学制为四年，高级小学的学制为三年；中学阶段的学制为四年，不分初中、高中。

金灿然1913年3月11日出生于鱼台县谷亭镇一个叫金庄的村子，1919年8月1日，他已满6周岁，按当时的学制，到达入学年龄。当时，金灿然家虽并不富裕，但靠祖上留下的一点家产，仍可维持温饱生活。谷亭镇距曲阜仅有100多公里，属孔孟之乡，人文气息浓郁，当地百姓知书重教，稍有经济实力的家庭，均愿供孩子上学读书。因此，金灿然得以进入当地的初级小学（当时称为"国民学校"）接受新式教育。

在完成四年的初级小学教育后，金灿然于1923年又升入高级小学继续学习。虽然1922年11月11日民国政府又颁布《学校系统改革案》实行"壬戌学制"，规定"小学校修业年限6年"，将原"壬子癸丑学制"中高等小学的学习时间缩短了一年，从三年变为两年，但因学制改变，恐各地方来不及在1923年8月实行新学制，故《学校系统改革案》又规定，小学的学习时间"依地方情形，得暂展长一年"。1923年8月1日入高级小学学习的金灿然恰好赶上此政策，当地仍实行高小三年的学制。因此，又经过高级小学三年的学习，金灿然于1926年7月从高小毕业。

从高小毕业后，金灿然又顺利考入位于济宁的山东省立第七中学（以下简称"省立七中"）继续学习。当时，根据 1922 年 11 月 11 日《学校系统改革案》颁行的"壬戌学制"，原来"壬子癸丑学制"中不分初高中的中学四年的学制已改为初中三年、高中三年，而省立七中是"壬戌学制"中的初级中学。1926 年 8 月 1 日，省立七中第一次招收实行"壬戌学制"的学生。当时，招收的学生分为三个班，即 26 班、27 班、28 班，金灿然被分配到 27 班。

近代中国积贫积弱，饱受外国列强欺侮，有识之士不断寻找国家求存图强之路。"十月革命"一声炮响，将马克思列宁主义传入中国，苦苦思索中国出路的知识分子看到了救国之路。王尽美、邓恩铭等人是最早在山东传播共产主义思想的知识分子，他们在济南建立了中共山东省的党组织。金灿然入济宁省立七中读书时，山东尚处在北洋军阀统治下，民不聊生。此时，也正值国共第一次合作时期，国民党与共产党均在省立七中从事秘密活动，在学生中宣扬各自主张。1927 年 3 月，中共山东省委派 20 多岁的中共党员张继宽以转学名义，插班至 26 班，开辟中共在济宁的党团工作。他在省立七中组织"读书会"（原名"贫生读书会"，后改为"读书研究会"，简称"读书会"），引导同学们阅读《共产主义 ABC》等进步书刊，宣传马列主义，讲共产主义的美好愿景，讲中国革命只有在中国共产党领导下才能取得胜利的道理。当时，入省立七中学习不久，年仅 14 岁、渴求各种新知识的金灿然和其他几个同学参加了"读书会"，并很快成为读书会的骨干。通过学习，金灿然对马列主义，对中国共产党及其主张有了初步了解和认识，他十分向往那种没有压迫、人人平等的共产主义社会。

1927年"四一二"反革命政变和几个月后的"七一五"反革命政变，标志着第一次国共合作全面破裂，后蒋介石联合冯玉祥、阎锡山、李宗仁等三派组成南京国民政府北伐军，讨伐奉系军阀张作霖，取得胜利后北洋政府覆灭，国民党新右派的代表人物蒋介石取得全国的统治权。1928年秋，国民党右派取得济宁的领导权，在济宁成立国民党县党部。当时，驻济宁的国民党部队为第二集团军冯玉祥所直辖的梁冠英部。蒋介石剿共、灭共的反动政策得到济宁国民党右派的贯彻执行，他们处心积虑地破坏中共地下组织，镇压一切进步活动，实行一党专政。在1928年上半年，为了保存革命力量，张继宽等几名中共党员不得不陆续离开济宁，返回济南。对金灿然而言，张继宽既是同学，又是兄长，他们的关系颇好，张继宽被迫离开省立七中，让金灿然对国民党的做法非常愤慨，他曾因按压不下自己的满腔怒火，和当时省立七中的校长王勉民公开地辩论过。省立七中的进步师生对国民党的做法亦十分不满，与受国民党控制的学校当局进行了坚决的斗争。

1929年1月2日，在济宁著名的剧场育华舞台召开市民联欢大会，其中有省立七中学生参演的节目。但是，在门口负责把守的县党部人员却只让那些身穿长袍马褂的官商士绅和涂脂抹粉的小姐太太入场，普通平民老百姓即使有票也不许进入，县党部看门人员甚至还动手撕毁老百姓的门票。几个省立七中的学生见此情景后与守门的国民党人员理论，最后发生了肢体冲突。金灿然和同学李益民商量后，决定趁这个机会发动学生，煞煞县党部的威风。金灿然等站在凳子上动员省立七中的同学让出座位让民众看演出。县党部的人见场面要失控，于是给驻军梁冠英部打电话，说："这里有共产党捣乱，赶快派部队来！"省立七中学生听到这个消息后，一齐退场。省立七中的学生一走，引发全场一片混乱。学生退到场外后，由金灿然和李益民指挥，排成长长的队伍，愤怒的学生一路高呼"砸掉县党部""打倒国民党"等口号，浩浩荡荡奔赴大街游行。当国民党的队伍跑到育华舞台时，人们早已走光。金灿然等学生回到省立七中后，与"读书会"其他同学连夜召开会议，推选代表准备第二天去县党部讲理。当夜 2 点左右，梁冠英部军人和县公安局的警察包围了省立七中的学生宿舍，当场抓捕了三年级学生金灿然、王永生等 4 人。在逮捕金灿然时，国民党军警从他身上搜出日记本，发现上面有谩骂蒋介石、汪精卫等内容。这样，金灿然就以"有共党嫌疑"之名被捕。第二天，省立七中将包括金灿然在内被捕的 4 名同学以及其他参与事件的共 8 人第一批开除。因这一事件，省立七中前后共开除学生 27 人。

被捕的同学被押在县公安局（铁塔寺东廊房）里，押了 4 天 3 夜。后经未被逮捕的李益民等人多方面营救，包括让省立七中校长出具保状，找联环铺保；又经在济宁仍有一定影响力的国民党左派人士做了一些工作，金灿然等 4 名被捕同学才被保释出狱并准许转学。被释放后，由省立七中开具转学证书，又经上层疏通关系，金灿然和王永生等人得到转至离家更远、位于泰安的山东省立第三中学的机会。由于金灿然从小就勤思好问、聪明好学，有比较扎实的文化基础，这使得他顺利地通过山东省立第三中学的插班考试，得以继续求学；而与他一起被捕的王永生则由于疏忽大意，未能通过考试，失去继续上学的机会。

（原载 2024 年第 3 期《中国出版史研究》，有删节，作者系中华书局学术著作出版中心编辑）

颠沛里的温情与战火中的坚韧

——纪念林徽因诞辰120周年

刘冬雪

1904年6月10日，中国第一位女性建筑学家林徽因出生于浙江杭州。今天适逢先生诞辰120周年，我们共同纪念、缅怀、致敬！先生生于乱世，人生经历传奇，不朽的精神品格在抗日烽火中尽显，而今加以回顾，还要从卢沟桥畔的隆隆炮声说起……

1937年7月，卢沟桥事变骤然爆发。住在北平城内北总布胡同3号的林徽因一家五口，在战争阴影的笼罩下，匆忙收拾行装，踏上漫长的流亡之路。颠沛流离中的温情流露与相互慰藉难能可贵，林徽因与航校飞行学员之间的情谊，像一面镜子，映照出战时的患难与共闪耀的人性光辉。

抗战全面爆发后，被视为空军摇篮的杭州笕桥航校迁往大后方，在昆明巫家坝落了脚。林徽因与一些飞行学员在战事趋紧时相识，给予这些年轻人长姐如母般的温暖。她默默的支撑与守护，和甘愿面对残酷的非凡勇气，让我们看到一位外表柔弱的中国知识女性，其内心的强大与坚韧。

是爱，是暖，是希望

林家一行人仓促乘火车由平赴津，再转水路南下，之后辗转多地，停留在当时相对安全的长沙城中。不久，林家遭遇日机轰炸，死里逃生，加上史语所、营造学社正有迁往昆明的动议，于是只好一咬牙，下定决心举家迁往昆明。走到位于湘西的晃县时，林徽因病倒了。这时，飞行学员黄栋权悠扬的小提琴演奏声徐徐传来，像一段天籁之音，牵引着这场似乎冥冥之中早已安排好的相遇。

传出琴声的房间里住着 8 名飞行学员，他们正在此等车前往昆明。这些好心的学员们，立即腾出房间让林家一行人休息。一来二去，双方熟络起来。林徽因的传记里写道：

> 那八个年轻的飞行学员常来看望徽因。徽因和思成熟悉了他们的名字和模样，精神好的时候徽因爱和他们聊天。徽因告诉他们，自己的弟弟和他们差不多年纪，也是航空学院的学生。这些年轻人话语不多，善良而腼腆。他们的家大都在沦陷区，孩子般地

依恋着思成和徽因。（张清平：《林徽因传》）

其中提到的弟弟是与林徽因同父异母的三弟林恒，他也毅然选择了航空报国之路，后来在空战中牺牲。

林徽因一家经过长途跋涉到达昆明后，与飞行学员们的联系并未中断，反而关系越走越近了。从这些年轻的面孔中，林徽因一定能看到林恒的影子。他们年纪相仿，都在努力学习飞行技能，渴望早日一飞冲天、杀敌报国。同样的青春，同样的热血！林徽因和梁思成甚至还受邀以荣誉家长的身份出席了飞行学员们在航校的毕业典礼。可以想见，林徽因当时的心境一定是复杂的，既被这些年轻人的赤诚打动，又真挚地祝贺他们学有所成，除此之外还有深深的担忧，因为这些孩子正式在空军服役后，就要在空中战场与敌机展开较量，直面生死考验。

河南省著名作家张清平老师在《林徽因传》中展现了林徽因一家与飞行员之间的情谊，其中有几段既朴实又温情的描述：

> 星期天，那几个年轻的飞行员轮到谁休息，谁就会来龙头村思成、徽因家度过这个假日。有人外出执行任务，也会从外地给思成、徽因写信来。广东小伙子小陈现在已经是一名中尉，在一次空战中，他击伤了一架日军的轰炸机后，自己驾驶的飞机也受了伤，迫降在广西边境。整整两天，他与指挥中心失去了联

系；直到第三天早晨，他才乘一辆客车回到昆明。在他失踪的两天里，徽因、思成整夜睡不着觉，看到他平安回来，只是下巴受了些轻伤，他们有说不出的欣慰。

这个星期天来的是江苏人小黄，他提琴拉得好，人又特别文静，徽因总觉得他很像自己的弟弟林恒。他轻声细语地和徽因说着话，他告诉徽因，他快要结婚了，女朋友是江苏老家的。他还红着脸让徽因看了照片，那是个娟秀的中学生模样的姑娘。徽因衷心为他们祝福，可心里的忧虑却挥之不去。这些年轻人驾驶的飞机机型落后，性能不良，一旦发生空战，他们只能拼上自己的生命。可徽因又能说什么？又能做什么呢？她只能尽自己所能让这些还带着孩子气的年轻人在自己这里感受到家庭的温暖。

做饭的时候，她为难得在厨房里直转，这天家里什么好吃的菜都没有，她不知道该做些什么。最后她削了一盘荸荠作配菜炒了一份鸡丁。鸡是自家养的，荸荠是飞行员小黄带来给孩子们吃的。大家都夸徽因烧的这份菜好吃，老金更是连声称赞，过了多年还念念不忘。

在战争环境下从事高危职业的人往往更需要情感寄托。这些年轻的飞行员在后方没有家，他们分明是将林家视作自己的家了。在这里，他们感到温暖、安全，能够在高强度的作战间隙，短暂地松弛下来，使身心得到良好的休整。林徽因当然明白，于是她默默地守护着这些年轻人，将其视为自己身上的一份责任，正如书中所言，林徽因"尽自己所能让这些还带着孩子气的年轻人在自己这里感受到家庭的温暖"。

是血，是痛，是刚强

林徽因的传记里提到，思成、徽因爱这些年轻人，他们对这场战争抱着必胜的信念，为了国家，随时准备死在战场上。死亡，多么沉重的话题！然而，笕桥航校的校训石上竟赫然写着："我们的身体、飞机和炸弹，当与敌人兵舰阵地同归于尽。"这些勇敢的孩子们，仍毅然决然、前赴后继地报考航校，胸怀赤子之心，坚守报国之志。这份对于家国的大爱是最可宝贵的，其中分明闪动着一个民族的希望与未来。

林徽因曾经说过："为这可爱的老国家带着血活着，或流着血或不流血地死去，都觉得荣耀。"其实，她是真真正正"带着血活着"的，因为她背负了太多的悲伤与苦痛。这些年轻的飞行员们，并非每一次升空作战后都能顺利返航，他们凭借着勇气与技能冲上蓝天与敌机搏杀，又在一团火光中永远消逝在蓝天里。"按照他们留下的通讯地址，他们的遗物一次次被送到梁家，徽因、思成一次又一次地承受着这近乎残忍的哀恸的打击。"

一张纸自然是又薄又轻的，但寄来的若是一张阵亡通知书，那会像一块巨石压在林徽因的胸口，令她几乎喘不上气来。一个结下深厚情谊的年轻飞行员，再也无法拎着荸荠到她家做客，害羞地请她看自己心上人的照片了。一张薄薄的纸竟然宣告了一个活生生的人永远停留在了他最好的年华里，他为抗战流尽了最后一滴血，没能看到胜利的那一天。青春的年纪，壮烈的牺牲，面对这残酷至极却已无法改变的事实，林徽因心中彻骨的悲痛，想必我们每一个人都能感同身受。

1941 年 4 月，三弟林恒在成都空战中为国捐躯，也像那些年轻的飞行员一样，永远地离开了林徽因。林徽因写下一首长诗来哀悼这群英勇无畏、视死如归的年轻人。其中有一句是："我既完全明白，为何我还为着你哭？只因你是个孩子却没有留什么给自己。""孩子"这个字眼实在太多扎心。然而，抗战时期牺牲的飞行员的确就是一群孩子，一群平均年龄只有二十几岁的大孩子。

前不久，美国宾夕法尼亚大学追授林徽因建筑学学位，林徽因的外孙女于葵女士出席仪式并讲话，其中提到，林徽因"这位外表看似纤弱的女性，内里却有着刚强不屈、执着坚定的品格"。这既是近亲属的切身感受，也是无可非议的事实，林徽因在抗战时期的言行就是最好的证明。这些年轻的飞行员独自漂泊在外，为了一个象征着家的念想和归宿，林徽因一次又一次承受着打击，接收并保管牺牲飞行员的遗物。林徽因的儿子梁从诫先生后来回忆道："每次他们的遗物寄来，妈妈都要大哭一场。"

林徽因曾在散文中写道：

> 信仰所给予我们的力量不也正是那坚忍韧性的倔强？我们都相信，我们只要都为它忠贞地活着或死去，我们的国家自会永远地向前迈进，由一个时代到又一个时代。

好一个"坚忍韧性的倔强"！可见这份在战火中淬炼出的坚韧与刚强，是林徽因身上最为鲜明的精神标识之一。

尾　声

今天是林徽因诞辰 120 周年纪念日。人们没有随着光阴的流逝而忘记林徽因和她的人生故事，很大程度上是因为林徽因身上具有一种可贵的精神，一种看不见摸不着，却又一脉相承、形塑着中华民族内在品格与气质的精神。这样的精神具有强烈的时代价值，是我们在新的历史时期依然能够生生不息、团结奋斗、跑出加速度的基因密钥。今天，我们共同纪念林徽因，是向一个高贵的灵魂致敬！

（原载 2024 年 6 月 10 日 "中华书局 1912" 微信公众号，作者系中华书局大众图书出版中心编辑）

冯沅君与古籍整理出版

齐浣心

冯沅君，我国现代女作家、中国古典文学史家，1958年担任古籍整理出版规划小组文学分组成员。冯沅君被称为"五四时期反抗封建势力最勇敢之女作家"，鲁迅评价冯沅君小说："实在是'五四'运动之后，将毅然和传统战斗，而又不敢毅然和传统交战，遂不得不复活其'缠绵悱恻之情'的青年的真实写照。"

1975年11月26日，顾颉刚看完冯沅君的《古剧说汇》后，在当天日记中对冯沅君做出过一个评价："看冯沅君《古剧说汇》……我国在封建社会之压力下，女子不能发挥其才性，然女文学家尚多。至女史学家，前代如班昭外竟无其人。五四运动后，女性渐解放，乃有冯沅君之研究戏剧史，其条件有三：留学法国，一也。历任大学教授，二也。无子，家事稀少，三也。此书接踪王国维之

《宋元戏曲史》，可贵也。"

顾颉刚写下这篇日记时，冯沅君已去世一年有余。从顾颉刚读《古剧说汇》，并评价此书"接踪王国维之《宋元戏曲史》，可贵也"，能看出顾颉刚对冯沅君学术研究的肯定与欣赏。而从顾颉刚日记所写女子能发挥才性、冯沅君研究戏剧史"条件有三"，可以看出顾颉刚对冯沅君比较了解，指出冯沅君学术生涯中的重要经历，但除了"留学法国""历任大学教授""无子，家事稀少"三条外，应该说冯沅君"研究戏剧史"也好，文学创作、研究中国古代文学史也好，其学术业绩的取得，其自身的天赋、原生家庭环境、勤勉求学同样重要。

功底扎实

冯沅君原名冯恭兰、冯淑兰，与冯友兰、冯景兰，被称为"唐河三杰"。冯沅君自幼和兄长冯友兰、冯景兰一起上课，教书先生是其父做知县时专门为孩子们请来的，讲授国文和算学两门功课，据冯友兰《沅君幼年轶事》（《文史哲》1985年第6期）记载，开设国文和算学是其父"认为这两门是一切学问的根本"。冯沅君因为年龄小"一个人一个班"，"我（冯友兰）和景兰为一班"。冯友兰、冯沅君兄妹的母亲"坚持父亲平常的教训：必须将国文底子打好"。这是冯氏兄妹自幼受到家庭环境的影响，为成年后取得卓著成绩打下扎实的基础。

冯沅君受到长兄冯友兰的影响很大。冯沅君16岁时，"（冯友兰）从北京大学回家过暑假，沅君跟着我又开始读书。那时候北京大学国文系教师大部分是章太炎的学生，文风是学魏晋。我就在这一方面选些文章，叫她抄读（当时家里只有'四书'之类有限的书）"。"我把我的一知半解传授给我的妹妹沅君，引导她走上了文学的道路。自从我们从崇阳回老家以后，沅君就不上学了。我从北大放假回家，在家中也常念诗念文章，沅君听了很爱慕，就叫我教她。我照着黄侃的路数，选了些诗文，给她讲，教她念。她真是聪明绝顶，在一个暑假的很短时间内就学会了，不但会讲会念，而且会写，居然能写出像六朝小赋那样的小品文章。"（《冯友兰全集》第一卷）。次年，也即1917年，北京女子师范开办国文专修科，冯沅君得到消息就"坚决要到北京应考"，冯友兰是这样记述这件事情的："等到我第二次暑假回家，沅君的学问就更大了。北京传来消息，说是北京女子师范学校要招国文专修科……我们都主张沅君去应考。沅君也坚决要去……在暑假快结束的时候，母亲就毅然决然，不顾别人议论，让我和景兰、沅君三人一同进京。到北京报考，果然考上了，于是沅君就开始走上了文学创作和学术研究的道路。"（《冯友兰全集》第一卷）

　　冯沅君顺利考入当时北京的女子最高学府北京女子师范学校的国文专修科，后更名为北京女子师范大学。冯友兰评价冯沅君："能摹拟那些文章写出作品……沅君摹拟古典文学的作品，大概相当多。有些可能失于幼稚，但有些也可以显示她的才华和聪明。"（*冯友兰《沅君幼年轶事》*）

冯沅君北京女子高等师范学校毕业后，1922 年考入北京大学国学门攻读硕士学位。其间，冯沅君受教于胡适、王国维、罗振玉、陈垣等名家，掌握了考据和训诂等研究方法，这为冯沅君此后走上学术研究道路、成为相关研究领域专家打下坚实的基础。

冯沅君从北京大学毕业后，1927 年在北京大学研究所短暂任职，当年 3 月 5 日著名史学家陈垣在北京大学做了场轰动学术界的《回回教进中国的源流》的讲演，而这次讲演的记录人，正是冯沅君。这次讲演记录，整理后改名《回回教入中国史略》，刊发在《北京大学研究所国学门月刊》第 1 卷第 6 号、《东方杂志》第 25 卷第 1 号，在学术界产生较大反响，好评如潮。

此后，冯沅君与陆侃如夫妇二人留学法国，1932 年双双考取巴黎大学文学院博士班，1935 年毕业后回国，"历任大学教授"，冯沅君与陆侃如志趣相投，合著有《中国诗史》（*大江书铺 1933 年*）、《中国文学史简编》（*作家出版社 1957 年*）、《南戏拾遗》（*哈佛燕京学社 1936 年*）、《中国古典文学简史》（*中国青年出版社 1957 年*）等。

学术成就

除前文提及的冯沅君与陆侃如合著的专著外，冯沅君本人独立撰著《古优解》《古优解补正》《古剧四考》（1936 年）、《说赚词》（1937 年）、《古剧说案》（1943 年）等，编著《玉田先生年谱》，标点《歧路灯》（1927 年）等。

冯沅君的学术研究，从其在《杨白花及其作者》（《妇女文化》1946 年第一卷第一期）一文可见其考据功力，冯沅君在文章中指出，《杨白花》的首四句和南朝诗人鲍照《拟行路难十八首》（其八）的前八句异常近似，鲍照《拟行路难十八首》（其八）："中庭五株桃，一株先作花。阳春妖冶二三月，从风簸荡落西家。西家思妇见悲惋，零泪沾衣抚心叹。初送我君出户时，何言淹留节回换。床席生尘明镜垢，纤腰瘦削发蓬乱。人生不得恒称悲，惆怅徙倚至夜半。"而胡太后在《杨白花》中写道："阳春二三月，杨柳齐作花。春风一夜入闺闼，杨花飘荡落南家。含情出户脚无力，拾得杨花泪沾臆。秋去春还双燕子，愿衔杨花入窠里。"

冯沅君认为胡太后创作的《杨白花》，在艺术表现手法上极明显是受到鲍照的影响。冯沅君在文章中对大的历史背景进行梳理，指出 4 世纪初至 6 世纪末，中国一直处于南北分裂形势，南北文学作品有着各自鲜明的特点，南方作品大多秀美温柔（儿女文学），北方作品大多朴素悲壮（英雄文学）。在这种大的历史背景之下，北方出现了若干"儿女情长"的作品，《杨白花》即是其中的典型。因为《杨白花》具有典型性，因此就具备了研究的价值，冯沅君从这首作品入手，在《南史》《魏书》《北史》《南齐书》《周书》等史籍中细细梳理史料，分析《杨白花》的作者及创作背景、创作时间，进而研究、探讨作者胡太后作为北人，"她聪悟，她雄鸷"，这样一个个性较强硬的女性，何以创作出"有浓厚的南方风味"的《杨白花》。

冯沅君在文章中写道："文学史上往往有一首、甚且几句诗可以代表、说明一个转变，而这个转变的形成，更有许多政治的、社会的等因素。《杨白花》这首失恋哀歌正是南方文潮向北方袭击所起的一点反应。它的背景确是很复杂。"（《妇女文化》1946年第一卷第一期）

冯沅君能够从我国浩瀚的诗歌海洋中发现胡太后这首《杨白花》的典型性，敏锐地指出其为我国多民族文化大融合的一个重要标志，可见《杨白花及其作者》一文的学术价值。

冯沅君写作《杨白花及其作者》一文是1946年，有趣的是，早在1923年冯沅君本人也曾创作过一首《杨白花》："杨白花，飘零向天涯。金屋璧台春欲暮，宫柳和烟受风斜。凤城日落啼鸦起，绵绵山更茫茫水。长歌未已泪阑干，点点化作相思子。"（《陆侃如冯君合集》第15卷《冯沅君创作译文集·拾遗》）。

此外，关于赋同俳优的关系，冯沅君曾提出过很有价值的看法。冯沅君有《古优解》与《汉赋与古优》两文，提出："汉赋乃是'优语'的支流，经过天才作家发扬光大过的支流。"

担任古籍小组成员

1958年2月，古籍整理出版规划小组在北京成立，冯沅君作为山东大学副校长、中文系教授，成为古籍小组文学分组成员，时年58岁。冯沅君是古籍小组80余名成员中唯一一位女性，体现出女性参与古籍整理出版的意义。1958年，当时新中国成立尚不到10年，受旧社会的影响，当时的男女社会地位存在不平等现象，且受教育程度的差异相当大，大多数女性未得到良好的教育，这种情况在高级知识分子云集的古籍小组成员中也可见一斑。冯沅君作为女性代表，与其长兄冯友兰同时担任古籍小组成员、分组成员，也成就了一段佳话。

然而，1958年2月9日，古籍小组成立大会在北京召开时，冯沅君似并未从山东前来参会。古籍小组成立大会是在第一届全国人民代表大会第五次会议期间召开，古籍小组组长齐燕铭在大会上的讲话中特别提到："原来这个会的开法有两种意见：一认为在人大（五次会议）召开时开；一认为最好在会后开，比较容易。"最终商量的结果是人大开会时一并召开。冯沅君在1954年9月15日第一届全国人民代表大会第一次会议召开时，即光荣地成为第一届全国人民代表大会代表。据《瓣香心语 王统照纪传》记载，1957 年 7 月，一届人大四次会议在京召开时，冯沅君与王统照等山东代表来京参会，在怀仁堂听周总理政府工作报告时，王统照忽然发病，"幸好这时山东的人大代表冯沅君先生发现了他，及时招呼朋友来把他（王统照）架出会场，大会秘书处立即把他送往医院"（《瓣香心语 王统照纪传》）。然而一届人大五次会议（含古籍小组成立大会），冯沅君似乎并未到会参加，在"古籍整理出版规划小组成立签到簿"上，未见冯沅君签名，在诸多古籍小组成员的日记中，皆未见关于冯沅君的记载。据牟世金、龚克昌的回忆，在一届人大四次会议之后，也即 1957 年的下半年，陆侃如被打成"右派"，撤销一切职务，免去兼职，教授级别由一级降为四级，而冯沅君作为陆侃如的妻子，受到较大影响。也许是这个原因，冯沅君在 1958 年 2 月没能到京参加人大会议和古籍小组成立大会。

冯沅君担任古籍小组成员期间，在编写高等学校文科教材方面作出较大贡献。20 世纪 60 年代初，冯沅君与北京大学林庚教授（同为古籍小组文学组成员）共同主编了《中国历代诗歌选》。《中国历代诗歌选》在全国影响颇大，选注历代脍炙人口的诗歌 1000 首，为全国的大学中文系提供了一部适用的教材。冯沅君负责起草《中国历代诗歌选》下编选目，对初稿进行审改，并组织编写者共同讨论，最后统筹定稿。与上编的编写是按照朝代分工不同，下编的编写原则是按照诗人分工，由赵呈元担任注解陆游作品的初稿及全稿的校对工作，朱德才注解辛弃疾、陈亮及明代大部分作品的初稿，关德栋注解明清散曲及民歌部分的初稿，袁世硕注解刘基、高启、顾炎武及清代大部分初稿，郭延礼注解近代全部的初稿。冯沅君定期组织赵呈元、朱德才、关德栋、袁世硕、郭延礼一起讨论编写工作。值得一提的是袁世硕，他是冯沅君的学生，冯沅君提名袁世硕留校任教，山东大学校务委员会讨论各系留校学生名单时，冯沅君一直在会议室门外坐等，直到讨论确定留校学生人选，她才放心地下班回家。在冯沅君的关心下，1953年袁世硕留在山东大学中国古代文学教研室担任助教，此后成长为我国著名古典文献专家。

冯沅君还与胡适、孙楷第、吴晓铃、王季思等人考证出关汉卿非"金遗民"，纠正了学术界关于关汉卿为"杂剧之始"的观点，经过论证，冯沅君认为关汉卿是比白朴小二三十岁的小辈作家，真正的"杂剧之始"应为白朴。如此，则元杂剧四家顺序应为"白、关、马、郑"。正是这些对元杂剧的深入研究，冯沅君成为我国著名戏曲史家。

1961年，编辑出版蒲松龄著作被提上议事日程，9月28日，山东省成立"蒲松龄著作编辑委员会"，这个委员会由当时山东省文化出版单位、研究机构和高等院校等研究人员组成，冯沅君与黄云眉、萧涤非、严薇青等教授作为委员出席成立会，这对开展蒲松龄著作研究是非常大的推动。1961 年《古籍整理出版情况简报》刊发《山东积极搜集、编辑蒲松龄著作》一文，介绍了相关情况。

1975 年 6 月 30 日，顾颉刚在得知冯沅君于前一年春夏间去世的消息，在日记中他这样评价冯沅君："以教文学史者虽多，而一生勤勤恳恳研究文学史则甚少，何况其实有创见乎！"

冯沅君的学生、后留校任教成为同事的袁世硕，担任第三届、第四届古籍小组成员、顾问，这是冯沅君在古籍整理出版人才培养方面作出的贡献。

（原载 2024 年 7 月 3 日《中华读书报》，作者系中华书局学术著作出版中心编辑）

一位纯正质朴厚道的学者

——缅怀程毅中先生

柴剑虹

程毅中先生仙逝后这些天以来，我几乎每日沉浸在深切的缅怀之中，结识程先生43年来的种种情景不时在脑海中映现……

1981年深秋，我完成硕士研究生学业后，经恩师启功先生推荐，进入王府井36号的中华书局大楼，在古典文学编辑室工作。在之前的10月21日，国家出版局任命文学室原主任程毅中先生担任中华书局副总编辑。其时，他正忙着参与《古籍整理出版十年重点规划（初稿）》的起草工作，以及拟订《古籍整理出版规划（1982—1990）》草案；12月，国务院古籍整理出版规划小组恢复，程先生虽未担任小组成员，但在筹备举办全国第二次古籍整理出版规划会议期间及会后，仍忙于出版规划的修订工作，因而当时我并无多少向他请教编辑事务的机会。

1982 年 3 月 17 日，全国第二次古籍整理出版规划会议在北京京西宾馆召开，我们这些新编辑主要担任接待、联络参会专家及记录分组会议发言等会务工作，程先生仍居于幕后，承担古籍整理出版规划的起草工作。会后，书局根据规划会上讨论的意见对规划做修订，而主要承担修订任务的即是很少公开露面的赵守俨、程毅中二位副总编辑。

当年时近夏日，有一天程毅中先生找我谈话，说甘肃省社科院文学所要举办"敦煌文学研究座谈会"，因为考虑到我曾有西北工作经历，硕士论文是对唐代边塞诗的整理研究，愿意推荐我同去兰州参会，也能为书局出版敦煌文献整理研究著作增加编辑力量。他说明，根据书局对编辑参加学术会议的要求，必须撰写相关论文，经书局领导审定后方能参会。我知道，程毅中先生是敦煌变文研究的一位开拓者，他在 1960—1961 年"三十而立"之际，就撰写并发表了《关于变文的几点探索》的长篇论文，就敦煌变文的名称、来源、体制、题材、影响及在中国文学史上的意义做了全面而有创见的论述，这也与他看重的古小说整理研究密切相关。我觉得他推荐我参会，是一个锻炼自己的好机会，应该珍惜。根据程先生的启示，我赶紧在工作之余寻找相关文献资料，撰写了对法国所藏 P.2555《敦煌唐人诗集残卷》的探究文章。该文经程先生和其他领导的审批，打印了若干份，程先生即向兰州会议的筹备组做了推荐。7 月 24 日，座谈会如期在兰州召开。会议期间，我不仅得以结识亲临会议的刘铭恕、关德栋、段文杰、李永宁、李正宇、张鸿勋、张锡厚、项楚等多位敦煌学专家，同时也得以聆听因故未能与会却提交论文和书面发言的姜亮夫、蒋礼鸿、周绍良、周一良等前辈学者的高论，学习他们的研究成果，建立了学术联系。会后，我头一回赴敦煌瞻仰莫高窟，听段文杰所长亲自为我们讲解洞窟雕塑、壁画，留下了不可磨灭的深刻印象。这次我提交的文章，被列入之后由甘肃人民出版社正式出版的《敦煌学论集》；第二年又受邀参加敦煌学全国学术讨论会及中国敦煌吐鲁番学会成立大会，可谓迈出之后数十年参与敦煌文化弘扬和敦煌学研究历程的第一步。后来在书局的编辑工作中，我担任王重民《敦煌遗书论文集》和《敦煌遗书总目索引》改版重印的责编，组稿编辑《敦煌文学作品选》《敦煌学概论》《敦煌史话》《敦煌学简明教程》《敦煌遗书总目索引新编》《文史知识·敦煌学专号》等书。程毅中先生就是带领我参与敦煌学研究的引路人！

程毅中先生不仅在推动书局敦煌文化出版工作中作出了重要贡献，更是新中国古籍整理出版事业的大功臣。如前所述，他参与制订书局乃至全国的古籍整理出版规划，几十年如一日默默无闻坐冷板凳，并且身体力行，孜孜不倦。早在改革开放的号角吹响之初，1979 年 9 月，程毅中先生期望李一氓同志能出任国务院古籍整理出版规划小组第二任组长之职，赋诗云：

　　　　曩桐焦尾发清音，抢救遗材石点金。

　　　　愿得㟃公伸巨手，护持古籍借春阴。

表达了对推进古籍整理出版事业的期盼。

　　程先生在多年调研小说类古籍基础上编撰的《古小说简目》，于 1981 年在中华书局出版，这样一本看似不起眼的"小书"，确是实施国家规划重要项目"古本小说丛刊"必备的工具书。他亲自整理出版的古本小说，从 1979 年在书局印行的《隋唐嘉话 朝野佥载》、1982 年印行的《玄怪录 续玄怪录》，到 1995 年、2001 年推出《古体小说钞》（宋元卷、明代卷、清代卷），到 2022 年修订新版的《宣和遗事校注》，不啻数十种。有的整理本在出版后他不烦多次修订，力求精益求精。更值得学界推崇的，是程先生在实践中不断探索和总结古籍整理的方法、规律、理论，从 1976 年在《文物》上发表的《略谈李善注文选的尤袤刻本》，到之后陆续撰著的上百篇相关论文，到 2001 年结集出版的《古籍整理浅谈》，均堪称古籍整理的指导性著述。

　　在古籍整理出版领域，程毅中先生还有两个重要特点是值得我们赞许的。一方面，他谦逊好学，十分关注学界同道在古籍整理方面的心得、经验，并为之提倡、推广。20 世纪 90 年代初，我请程毅中先生为《文史知识》的"治学之道"栏目撰写专文，他即写了《吴组湘先生教我们怎样读小说》一文谈自己的学习体会；1992年，我应中共中央党校出版社编辑之托，请程先生写一本谈古小说的书，他则约请了10余位研究古小说的专家各撰一文，合编成《神怪情侠的艺术世界——中国古代小说流派漫话》一书提交出版社。他在该书"前言"中还特别说明是"为爱好古代小说的读者和小说史的初学者提供一份参考资料"。恩师启功先生颇赞成此举，欣然为该书题写了书名。另一方面，对于古籍整理中一些存在的问题，他也敢于提出批评、质疑，不怕得罪人。如1990年书局出版《古籍点校疑误汇录（二）》的头一篇文章即是程先生所写《克服轻敌思想，努力减少标点错误》，文中坦言："近年出版的古籍标点本，或多或少地存在着标点失误的问题，即使是专家学者整理的书也在所不免。"而且一针见血地指出标点出错的两方面原因："一是知识局限，包括古代汉语、古代文化和某一方面的专业知识不足。""一是工作粗疏，掉以轻心，编辑作风不严谨。"他不仅对自己点校的古籍要求严格，诚如他在2006年版《玄怪录 续玄怪录》"前言"中所说"虽已重校不止一次，但恐仍有疏漏失误"，对一些著名专家的点校本也不忌讳考究指正。

举两个最近的例子。第一例，联想到近两年读者对书局所出古籍整理图书质量的批评，已92岁高龄的程先生于2022年1月28日给我发来一则电子邮件，兹引述其中一段：

> 我前年就写了一篇小文，考虑到点了冯惠民整理的书，李肇翔的责编，不想公布。今年中华挨了骂，倒想用适当的方式发表，留给编辑界的同仁参考，但又想用繁体字较好。我已给了徐俊，转给李肇翔了。现附上请您看看，有什么地方可改？请暂勿公开。我想做个诤友，恐怕总会得罪人。孔子说益者三友，我说不上"多闻"，只是舍得时间查书罢了，但愿以友直、友谅为目标。如见冯、李二友，请为我道歉、解释。

一位在古籍整理出版园地辛勤耕耘 60 年，仍老骥伏枥的专家说自己"舍得时间"，坦言"愿以友直、友谅为目标"，实在让我等后学肃然起敬，亦不禁汗颜。

第二例，2022 年 5 月 17 日，程先生又发给我一则电子邮件，其中说明，因发现启功先生曾给他写过一信，对书局所出点校本《老学庵笔记》提出多条勘误意见，他十分珍视，在邮件中特别强调：

> 我正好已写了一个谈《老学庵笔记》的初稿，结合启先生的意见再加修改。学习了古籍工作的意见，不禁斗胆放手，提出一些质疑，表达了对跑马圈地、好大喜功学风的隐忧。针对《全宋笔记》作了一点评

议，可能会得罪人。那是国家社科基金资助的重大项目，主编好像还是《宋史》的修订者，学者多数都不吝称赞，我却要泼冷水。

因为启功先生意见中特别重视"避讳字回改"问题，还需查证，于是程先生后来又将他新写的《重读〈老学庵笔记〉》一文发到我的电子邮箱里，让我核查。他的文章还涉及大象出版社版、浙江古籍出版社版，指出后者"是现有《老学庵笔记》最好的版本（可惜的是，书中有些繁体字与简体字混了）"。程先生发来的邮件中还特别附来当年 4 月中共中央办公厅、国务院办公厅印发的《关于推进新时代古籍工作的意见》一文，供我学习领会精神。程先生致力于提高古籍整理出版质量的一番苦心，跃然字里行间。

我知道，程毅中先生在任中央文史研究馆馆员期间，也忠实地履行了就国家文化发展、文史工作等提出意见和建议的职责。听说程先生曾向文史馆递交一篇关于苏州评弹的调研报告，为家乡苏州非物质文化遗产鼓与呼。10多年前，因文史馆编辑多卷本《中国地域文化通览》丛书交中华书局出版，我曾受命参与相关书稿的审读工作六七年。我看到每次举办有关的编辑工作会议，年逾古稀的程先生作为全书副主编，总是自始至终全心全意地参会，不仅就他负责的"江苏卷"内容发表中肯的意见，也积极参与其他各卷的集体商议。当时文史馆聘请了一些刚毕业的博、硕士年轻人担任此项工作的助手，都对程先生一丝不苟的工作作风深有感触。该丛书 10 年前在中华书局顺利出版，程先生功不可没。几年前，程先生觉得上级机构规定出版社每年的"利润增长率"一味追求"经济效益"，忽视了书籍作为文化产品的特点，缺乏科学性，便书写意见向国务院反映，并获批示，造福于出版社同人。

程毅中先生在同辈学者中，不但是最先使用电脑写作的专家，而且一直到耄耋之年，仍坚持用电脑撰写学术论著，并且将古籍数据库和纸质图籍相结合规范运用，提高了工作效率与质量。同时，更让我们钦佩的是，程先生一直到 2023 年上半年撰写论文，仍保持思维清晰、材料扎实、见解新颖的风格，而且十分关注文化、学术界动态。最典型的例子就是在 2023 年 2 月初，他看到中央电视台播映《典籍里的中国》之《越绝书》一集，敏锐地感觉这"是古籍工作创造性的转化"，在找出《越绝书》原著重读后，即撰写了《〈越绝书〉与子贡传》一文，不仅提出对子贡这个历史人物的新评价，还提出可以做相关纪录片和进一步整理《越绝书》的建议。此文发表于《文史知识》2023 年第 4 期，是程先生生前发表的最后一篇佳作，也是他生命不止笔耕不辍的明证。

程毅中先生是一位纯正质朴厚道的学者。他的仙逝，是我国学术界、出版界的重大损失，我也失去了一位多年来引导、教诲我的良师益友。我在惊悉他逝世噩耗的第二天，痛定思痛，得以赋一首小诗敬挽程先生：

九五春秋磊落人，无私大爱得仁身。

古籍整理立典范，学问探究求精深。

循循善诱诚伯乐，骏骥无惧千里程。

君今飞逝登仙界，仍导苍生扫凡尘。

程毅中先生永垂不朽！

（原载 2024 年第 9 期《出版人》，作者系中华书局退休编审）

古籍出版社的组建

王贵彬

新中国成立初期，为了保存和整理中国文化遗产，按照出版专业分工原则，出版总署组建了新中国第一家专业从事古籍整理出版工作的国家级出版社——古籍出版社。古籍出版社 1956 年 6 月出版的点校本《资治通鉴》，是新中国第一次对大型古籍进行整理出版的成果。点校本《资治通鉴》的整理出版，在大型古籍整理出版工作中点校人员的选择、组织，以及点校原则和方法等方面，为新中国最大的古籍整理出版工程——点校本"二十四史"的整理出版积累了经验。可以说，新中国古籍整理出版事业真正的发端起于古籍出版社整理出版点校本《资治通鉴》，古籍出版社对新中国古籍整理出版事业的发展作出开拓性的贡献。

出版总署最早于 1952 年 9 月 26 日提出组建古籍出

版社的计划，但由于新中国成立初期古籍编辑力量严重缺乏，组建工作延宕一年多未能正式启动。1953年12月5日，出版总署副署长、党组书记陈克寒代表出版总署党组小组向毛泽东并中央汇报1953年出版工作情况和今后方针任务时，重新将组建古籍出版社列为出版总署今后的重点任务之一。之后，在《中央人民政府出版总署1954年出版事业计划》中，出版总署明确提出在1954年要"加强对国营和地方国营出版社的领导，并增设若干国营出版社。……扩充辞书编辑机构，建立古籍编辑机构"。为了确保这次的组建工作能够顺利完成，大概在1954年初，一份与组建古籍出版社有关的报告，被送到中共中央宣传部部长兼政务院文化教育委员会副主任、党组书记习仲勋面前。习仲勋对这份报告进行了批示，并将该报告转给出版总署。1954年3月1日，陈克寒专门致函习仲勋并中宣部，汇报古籍出版社的组建计划。在信中，陈克寒提出组建一个总人数达到400人（组建之初即有80人），并包含辞书出版机构在内的"庞大"的古籍出版社的计划。但是，由于该计划存在不切实际的问题，因此中宣部并未同意该计划，而是结合中华书局的公私合营工作，对如何组建古籍出版社做出决议。之后，出版总署根据实际情况，又对中宣部的决议做出改变，最终于1954年12月4日完成古籍出版社的组建工作。

一、出版总署对中宣部决议的改变

中宣部于 1954 年 3 月 12 日举行部务会议，讨论了陈克寒提出的古籍出版社组建计划，"会议决定：（1）在中华书局内设编辑所，但用古籍出版社名义出书，由小到大，从影印古籍工作做起，整理古籍工作放在第二步……"。

中宣部对陈克寒提出的"庞大"的组建计划并不认可，而是决定将组建古籍出版社的工作与当时正在进行的中华书局的公私合营工作统筹考虑。新中国成立不久后的 1950 年，陷入经营困境的中华书局曾主动向政府要求进行公私合营，但由于当时客观条件不成熟和主观力量不足，出版总署未接受中华书局的请求。1953 年 9 月，根据中央对资本主义工商业进行社会主义改造的指示，出版总署接受了中华书局公私合营的请求，并开始对中华书局的改组工作。1954 年 4 月 30 日，中华书局正式改组为公私合营性质的财政经济出版社。在陈克寒向中宣部提出组建古籍出版社计划之时，中华书局改组为财政经济出版社的工作正在进行中，而在此之前的 1954 年 2 月 22 日，出版总署已决定在财政经济出版社内设文史编辑室，保留一部分原中华书局的文史图书编辑力量。中宣部关于如何组建古籍出版社的决议，就是在这一背景下做出的。在决议中，中宣部还根据当时在北京的中华书局从事古籍编辑出版的力量较小的情况，提出以此思路组建的古籍出版社要遵循先易后难的原则开展工作，先影印，后点校。这为组建古籍出版社确定了一个新的思路。

从中宣部对陈克寒请示的批复中提出"在中华书局内设编辑所，但用古籍出版社名义出书，由小到大，从影印古籍工作做起，整理古籍工作放在第二步"的表述来看，这种"组建"古籍出版社的办案，更像是一个非正式的过渡方案：古籍出版社仅是一个"名义"，其人员依托已准备公私合营、改组为财经出版社的中华书局的编辑力量；而且，这个组建方案也未考虑辞书编辑出版问题。这与1954年3月1日陈克寒致函习仲勋时所提出的组建人数众多，包含辞书编辑机构的独立建制的古籍出版社的初衷相去甚远。

后来的史实是，出版总署对中宣部关于组建古籍出版社的这一决定并未执行，而是另组人马，在1954年下半年组建了包括辞书编辑机构在内的单独建制的古籍出版社。由于史料阙如，现在无法确知出版总署对组建单独建制的古籍出版社是如何与中宣部进行沟通的，但现有史料表明，中宣部对此事是清楚的。因为在1954年4月21日，即距中宣部关于组建古籍出版社的决议做出后一个多月，出版总署曾就"我署所属出版社和国际书店需要补充的及今年下半年新建各出版社所需要的干部"问题给中宣部打报告，其中提到财政经济出版社需补充社长1人、总编辑 1 人；古籍出版社需要社长、副社长 2 人，总编辑 1 人。这说明古籍出版社是单独建制的出版总署直属出版社，而非财政经济出版社的内设机构，也表明出版总署并未执行中宣部关于组建古籍出版社的有关决定。

二、古籍出版社组建思路及组建步骤的调整

叶圣陶时任出版总署副署长，在齐燕铭无法担任古籍出版社社长的情况下，叶圣陶担负起这一工作。

叶圣陶在日记中对古籍出版社组建思路及组建步骤的情况有所记载。1954 年 8 月 4 日上午，叶圣陶"与愈之、洛峰、彬然及其他数人谈话，商量筹备古籍出版社。……讨论结果，谓此出版社可与拟议中的语文出版社、辞书出版社为一个机构，即一个出版社分三个编辑室，待将来力量充实，再行划分。今先筹备古籍与语文之部分，辞书暂缓。拟定余与彬然、伯昕等数人为委员云"。从叶圣陶这则日记来看，彼时出版总署组建古籍出版社的思路发生了变化，拟议中的古籍出版社不仅包含陈克寒致习仲勋信中所说的辞书出版社，还包括一个语文出版社，而且，建立语文出版社优先于建立辞书出版社。1954 年 8 月 23 日下午 3 点，叶圣陶又"与伯昕、灿然、彬然、戈茅、逸群五人共谈古籍出版社事。决定先于下月集少数人成立编辑室，然后讨究工作之计划与方法"。

经过这两次讨论，出版总署形成组建古籍、语文、辞

书出版社的最终方案，并于 1954 年 9 月 17 日向中宣部并文委党组发送请示报告。请示报告称，"根据中央指示，为了发扬我国古代文化，保存民族遗产，传播语文知识，供给读者更多的学习资料和参考资料，除了责成各专业出版社整理出版古典著作及近代有价值著作外，还有筹建古籍、语文、辞书专业出版社的必要。因此，我们最近召开了两次座谈会，商讨了这个出版社的方针、任务、组织机构和筹建步骤"。对于该社的组织机构，请示报告说："古籍、语文、辞书出版社设社长一人，副社长若干人；总编辑一人，副总编辑若干人，下设编辑部、经理部、出版部及办公室。编辑部分设三个编辑室，即古籍编辑室、语文编辑室、辞书编辑室及资料室。"对于组建步骤，请示报告说："古籍、语文、辞书出版社原应分开为古籍与语文、辞书两个出版社，但因人力、物力条件限制，暂时采用一套机构两块招牌的方式，俟条件成熟时，再分设为两个专业出版社。这个出版社先成立筹备委员会，由叶圣陶（主任委员）、傅彬然、郭敬、徐伯昕、金灿然、恽逸群、王淑明、徐调孚等八人组成，先行开始工作。第一步先设古籍编辑室……第二步再建立辞书编辑室……至于语文编辑室和出版部工作……暂缓进行。"

从这个请示报告来看，组建古籍出版社的思路及步骤与叶圣陶等人 8 月 4 日讨论的方案又有所不同，辞书出版社的组建又优先于语文出版社，重新回到当初陈克寒致习仲勋信中所提的组建思路。古籍出版社组建思路及步骤的不断调整，说明在人力、物力缺乏条件下组建古籍出版社的复杂性。

三、古籍出版社的组建及人员的调配与充实

按照这个请示报告，组建古籍编辑室是建立古籍出版社的重点，而其中最重要的工作是确定古籍编辑室的编辑人员。事实上，对编辑人选问题叶圣陶早有考虑。在9月17日出版总署向中央报告之前，叶圣陶在1954年9月12日的日记中即写道："雪村、调孚、晓先三位均由灿然、彬然调至古籍编辑室，晓先之问题遂得解决。"这说明章锡琛（字雪村）、徐调孚和丁晓先已在出版总署正式向中央报告前成为古籍编辑室的编辑。而在出版总署9月17日致中宣部并文委党组的报告中则写明，"调王淑明、徐调孚、谢兴尧、丁晓先等立即参加工作"。因此，章锡琛、徐调孚、丁晓先、王淑明、谢兴尧五人，成为古籍出版社在组建之初确定的几位编辑人选。叶圣陶在日记中未提及出版总署9月17日报告中的编辑人选王淑明与谢兴尧，大概和叶圣陶与他们不熟悉有关，而章锡琛、丁晓先和徐调孚均是叶圣陶在旧上海开明书店时的同事。至于在9月17日给中央的请示报告中出版总署为何没有提到调章锡琛"立即参加"古籍出版社的工作，原因未知，可能与彼时出版总署尚未对如何安排已满65周岁的章锡琛在

古籍出版社的工作有关。

章锡琛（1889—1969），浙江绍兴人，开明书店创始人，调入古籍编辑室前任出版总署专员。徐调孚（1901—1981），浙江平湖人，民国时期在开明书店担任编辑，调入古籍编辑室前为中国青年出版社出版部主任。丁晓先（？—1976），江苏吴县人，民国时期在开明书店担任编辑，调入古籍编辑室前在人民教育出版社编辑历史教科书。王淑明（1902—1986），安徽无为人，文艺评论家，调入古籍编辑室前在人民文学出版社工作。谢兴尧（1906—2006），四川射洪人，1931年毕业于北京大学历史系，师从邓之诚，是太平天国史专家，彼时正在人民日报社理论教育组担任编辑。据中华书局所藏《古籍出版社人员名单（1954—1957）》，章锡琛为社领导（副总编辑），王淑明、徐调孚在文学组，丁晓先在历史组，名单中并无谢兴尧之名，表明谢兴尧当时并未按出版总署报告所说调入古籍编辑室工作。新中国成立初期古籍编辑人员本就十分缺乏，而拟定的古籍编辑人选又不能到任，这亦从一个侧面说明古籍出版社组建难度之大。

出版总署一直在想办法，充实古籍编辑室的编辑力量。在出版总署9月17日向中宣部并文委党组报告后不久，曾次亮由人民教育出版社调入古籍编辑室担任编辑。曾次亮（1896—1967），河南太康人，天文历算学家，当时在人民教育出版社编辑历史教材。因政府机构进行改革，1954年11月30日出版总署正式撤销，承担其职能的文化部出版事业管理局需要精简人员，1954年底，时任出版总署专员的张静庐（1898—1969）主动要求调入古籍出版社，他亦成为古籍出版社组建之初的编辑之一。而1956年8月，当时在上海革命历史纪念馆工作的著名版本学家陈乃乾被调入古籍出版社，也是不断充实古籍出版社编辑力量的措施之一，但这已是古籍出版社组建完成一年多之后的事了，陈乃乾不是古籍出版社组建之初的编辑。

综上所述，古籍编辑室在组建之初的编辑仅有章锡琛、徐调孚、丁晓先、王淑明、曾次亮、张静庐等6人。

在不断调配、充实古籍编辑室编辑人员的同时，古籍出版社的领导力量也在加强。

从1954年5月开始，新中国成立时所设的各大行政区陆续开始撤销，相应地，原各大行政区所属的新闻出版局亦随之撤销，有关人员需要重新安排工作，这为古籍出版社管理与行政人员的调配、充实提供了人力资源。根据"现有中央一级出版社基础都很薄弱，因客观需要，又必须陆续新建若干出版社，无论旧有和新建的均亟须增加领导骨干"的情况，1954年5月26日《出版总署党组关于大区撤销后出版行政机关调整等的初步意见致中宣部、文委党组的请示报告》提出安排这些干部的一条方针是："加强中央一级即将建立的和已建而基础薄弱的出版社，同时适当加强出版总署某些行政部门。"在此背景下，1954 年 8 月，原中南行政委员会新闻出版局的郭敬和西北行政委员会新闻出版局的王乃夫调入北京。当时，负责组建古籍出版社的出版总署副署长叶圣陶不常到出版社办公，古籍出版社先由郭敬担任副社长，主持工作；后因郭敬在 1954 年 10 月调往时代出版社担任社长兼总编辑，原西北行政委员会新闻出版局副局长王乃夫继之担任古籍出版社副社长，主持工作。1954 年 9 月 22 日，原出版总署出版事业管理局副局长傅彬然亦调入正在建立中的古籍、语文、辞书出版社任副社长（后又兼副总编辑）。这进一步充实了古籍出版社的领导力量。

与此同时，古籍出版社办公室、人事科等其他部门也在组建。1954 年 9 月，因国际书店业务调整，时任国际书店广东分店经理的王春调入古籍出版社担任办公室副主任兼人事科长；出版总署又从各大区调来高克辛、郑杰民、赵维奎等人担任古籍出版社各部门的中层管理干部。至于一般工作人员的充实，方法较多，相对容易，可通过从其他单位调入的方法加以补充。例如，杜力真是王乃夫的夫人，他随王乃夫一同调入古籍出版社，成为古籍出版社办公室的工作人员。此外，古籍出版社也从社会上招收一些年轻的党团员从事一般性的工作。

1954 年 12 月 1 日，人民教育出版社辞书编辑室（新华辞书社）并入古籍出版社。1954 年 12 月 4 日，古籍出版社古籍编辑室、辞书编辑室正式成立，叶圣陶致辞。至此，按照前述《出版总署党组关于筹建古籍、语文、辞书出版社问题的请示报告》"第一步先设古籍编辑室……第二步再建立辞书编辑室……至于语文编辑室和出版部工作……暂缓进行"思路，古籍出版社组建完成。

（原载 2024 年《出版史料》[新总第 64 期]，有删节，作者系中华书局学术著作出版中心编辑）

百川学海

这个时代需要出版更多磨脑子的大书

尹　涛

春节重温康德第一批判，大致梳理了一下最近 20 年来康德著作的汉译出版情况。邓晓芒、杨祖陶、李秋零等译者居功至伟，人民出版社、中国人民大学出版社、商务印书馆在出版方面的贡献巨大。人民出版社从《康德三大批判精粹》开始，陆续推出《康德三大批判合集》、规模惊人的三大批判单行本和《康德〈道德形而上学奠基〉句读》，还修订出版《〈纯粹理性批判〉指要》；中国人民大学出版社出版《康德著作全集》和单行的注释本系列；商务印书馆从 1931 年出版胡仁源翻译的《纯粹理性批判》之后，一直是康德汉译出版重镇，最近这些年推出《实践理性批判》的新译本和第一批判的两种新译本，还翻译出版海德格尔的康德三书的两种。另外，华中师范大学出版社出版重新整理的韦卓民翻译的多种康德著作。

作为读者，我发自内心地感谢这些出版社；从同行角度看他们做这些大书，我又非常敬佩。

做出版的人静下心来，就会看到出版更多磨脑子的大书非常必要甚至非常迫切，推广磨脑子的大书非常必要也非常迫切。现在就得要跟碎片化阅读抢地盘，和铺天盖地的短视频争时间。归根结底，是要提高这个时代的思维水平，保护和提高人民群众精神生活的质量。

我心目中磨脑子的大书分两种。

篇幅大、难读完算一种，比如《资治通鉴》。司马光说《资治通鉴》成书后，当时只有一个叫王胜之的人读完一遍，其余人没读几卷就困得不行了。这部书294卷，中华书局点校本正文9612页，根据我自己的阅读体会，每天可以读一两卷，需要坚持半年左右。按我们现在的教育模式，假定高中生可以读，那么从高中到博士毕业，哪儿会有完整的半年时间读呢？有多少学中国史的博士生读完过这部书呢？参加工作后，什么阶段能抽出这半年时间呢？书中涉及的时间跨度也大，看了后面多半忘了前面；仅仅事件、人物两个维度，都不是轻轻松松读一两遍就能够掌握的。

难懂的书算第二种，比如《纯粹理性批判》。有时候想，没有读过康德这部书的人也许更幸福一些，因为没有遭受过那种严厉的智力层面和毅力层面的双重打击。学生时代有个暑假我尝试读蓝公武译本，结果很快翻完《康德学述》《批判哲学的批判》《康德传》等，恍恍惚惚，有象有物的感觉。然后我正襟危坐翻开原著，但很多天过去了，还停留在第一版序言。不断从头开始，折腾了很多次，我还是很难翻页。其间打瞌睡、头晕脑涨、迷茫走神、思维短路，各种阅读障碍都出来了。就是那句老话，每一个字都认识，连起来却不知道在说什么。一个句子读了上半句好不容易抓住一鳞半爪，以为下半句会往某个方向去，但下半句没有一次往我以为的那个方向去。最后收获就是忍耐力的高强度练习，几乎一直练到心斋坐忘的境界。

但是换一个方向看，花很多时间读完《资治通鉴》、读完"三大批判"这一类磨脑子的大书，可能获得一种很难替代的幸福。不说这些只能归于个人体验的幸福，也不用去比较读不读的学问高低，最低限度，读过的人脑子经历了残酷的磨炼，就像参加过阅读的"世界大战"，一般难度、一般篇幅的书，读起来肯定要轻松很多。

最近这些年我们也看到一些和碎片化阅读方向相反的令人欣喜的情况，认认真真读大书已不是稀罕的事情。中学里早就要求整本阅读《红楼梦》；高校里针对经典的专书讲座已经蔚然成风，像武汉大学的《精神现象学》课程，竟然花了9个学期逐字逐句讲完。前一段看到过网上有人严肃地说读完全7册的《追忆似水年华》，有上千人跟一位年轻老师一起读整本的《左传》好几年了，网上还有人带领大家一起开读《资治通鉴》。

这些经典著作，基本上都是磨脑子的大书。这些大书到底有多少人在读，能占一个什么样的比例？"红迷"不少，但是自称读不进去的人也很多。有些大书是不是根本不可能走向大众？劝人读磨脑子的大书是不是一个好为人师而影响人自由选择的冲动？劝出版社出磨脑子的大书，是不是一个迂阔误事的建议？

查了一下人民出版社出版《纯粹理性批判》邓晓芒、杨祖陶译本平装本的印数，从 2017 年第 2 版到 2022 年12 月第 9 次印刷累计 105000 册。加上这本书的第 1 版、各版的精装本和《三大批判合集》精平装本，应该是 20万册以上的销量了（从 1 版 1 印开始，我买过每一种装帧的本子，累计贡献 10 本以上）。而中国人民大学出版社的《康德著作全集》，2021 年就已经第 6 次印刷了。这就是康德这些磨脑子的书在今天中国的出版情况。

衡量一个国家文化水平高低，康德书的发行量也许可以做一个参考。人民出版社的这 20 万册，只是过去 20 年来新译本中的一个。德国古典哲学是马克思主义三大来源之一，现在提倡读哲学原著，以我的一点体会，康德书正是通往《路德维希·费尔巴哈和德国古典哲学的终结》《反杜林论》，尤其是列宁《唯物主义和经验批判主义》等经典著作的桥梁。

说到底，读书是个人的事，深度的阅读是非常孤独的事。但阅读又特别需要交流和共鸣，推荐好书甚至需要大声呼喊。我们这个时代需要出版更多磨脑子的大书。

（原载 2024 年 2 月 19 日《中国新闻出版广电报》，作者系中华书局总编辑）

《韩非子》：先秦法家思想集大成之作

张彩梅

韩非（约前280—前233），原为韩国宗族公子，与李斯同出于荀子门下。目睹韩国屡败于秦国后遭受损兵削地的现实，便多次上书韩王，希望韩王变法图强，但都不被采纳。韩非退而发愤著书，写下《孤愤》《说难》《五蠹》等，计十余万言。其著述流传到秦国，秦王嬴政读后十分欣赏，说："我要是能见到这个人，跟他交往的话，那就死而无憾了！"当从李斯口中得知这些文章为韩非所著时，秦王马上进攻韩国，索要韩非。韩王不得已，只得派韩非出使秦国。

韩非到达秦国后，秦王很高兴，但没有立即任用他。秦国丞相李斯觉得自己比不上韩非，很是嫉妒韩非的才能，于是与秦王的宠臣姚贾勾结，向秦王进谗言，诬陷韩非是韩国的奸细。秦王受到蒙蔽，下令将韩非收入狱中治罪。李斯派人给韩非送去毒药，逼他自尽。韩非想见秦王当面陈述，但未能如愿。不久秦王悔悟，派人去赦免韩非，但韩非已死于狱中。

韩非在秦国没能有什么建树，因此也有人将秦朝建立后短短十几年就灭亡，归因于秦王未能重用韩非，此观点虽有片面之处，但韩非在动乱年代提出全面推行"法治"，顺应历史发展的潮流，对大一统的中央集权的建立起到理论的指导作用，也对我国两千多年的法治文化建设产生深远的影响。

动乱时代，全面推行"法治"

韩非在《有度》篇中写道："国无常强，无常弱。奉法者强，则国强；奉法者弱，则国弱。"韩非强调用法度治国的重要性，认为国家不可能永久强大，也不可能永久衰弱。君主坚决按法办事，国家就强大；君主不按法办事，国家就衰弱。

既然说以"法"治国是一件于君于民皆十分有利的事情，那如何立法呢？韩非提出，君主立法时，要注意以下几个原则：

立法要合乎人趋利避害的本性。韩非继承了荀子"性恶论"的学说，认为人的本性都是"自为"，即自私自利、好逸恶劳。他举例说，人在小时候，父母抚养马虎，孩子长大后会埋怨父母；孩子成年后，如果供养父母微薄，父母就会恼怒责备。连父母与子女这种至亲之间都会相互埋怨指责，更何况他人呢？法就是掌握立法权的君主给臣民立的规矩——哪些不能做，做了要受惩罚；哪些应该做，做了会得奖赏。当人人明确自己的职责，做好自己的事情，那么君主就会高枕无忧，国家也会稳定富强。

立法要赏罚分明。韩非在《二柄》篇中指出圣明的君主用来控制臣民的，只有刑和德两个权柄，"杀戮之谓刑，庆赏之谓德"，如果统驭臣下的君主舍弃了刑、德二柄而让臣下来使用它，那么君主就反会被臣下挟制了。严刑峻法是威慑，奖励赏赐是恩典，只有赏罚严明，臣民才会尽力效忠；臣民尽力效忠，就会军队强大而君主显贵。

立法要因时制宜。韩非在《五蠹》篇中指出古今的社会情况不同，新旧时代的政治措施也应该不一样，因而圣人立法不追慕远古时代，不效法永恒不变的常规，而是研究当代的实际情况，从而采取相应的措施。他所说的"不期修古，不法常可，论世之事，因为之备"，其实就是在阐明立法一定要适应时势的需要，因时制宜。

在韩非看来，只要遵照上述立法原则，君主就可以制订出相对完备的法律。

有了法律之后，如何执"法"呢？

法、术、势三位一体的思想体系

作为先秦法家思想的集大成者，韩非在批判继承商鞅的严刑峻法思想、申不害的"术"治观念以及慎到的"势"治学说基础上，提出法、术、势三位一体的思想体系。

法，是指用文字详细规定的成文法。"法者，宪令著于官府，刑罚必于民心，赏存乎慎法，而罚加乎奸令者也。此臣之所师也。"（《定法》）法是由政府颁布和保存的，是臣民们一切言行的标准，其刑罚的条款一定是家喻户晓、深入人心的，即它是具有公开性和强制性的行为规则。

术，是指君主驾驭臣下的政治艺术。它有两个特点：一是它藏于君主胸中暗中驾驭群臣，"法莫如显，而术不欲见"，即它是隐蔽的、秘密的，令人不可捉摸；一是它为君主所独操，就连君主最宠爱亲信的人都不能知道。"术"既是君主任免和考核官吏的方法与手段，也是君主暗中控制和操纵官吏的权谋之术。

势，即权势，这是君主得以控制臣民的客观条件。在《八经》一篇中，韩非将"势"称为"胜众之资也"。势分自然之势与政治权势两个层面。自然之势是指世袭的王位或官位，政治权势指的是君主掌握刑、德二柄来实行赏罚的权力。君主只有掌握政权后，才可能推行法令，驾驭群臣。

韩非认为"徒法"而无"术""势"与之结合，就不能真正成功地实行法治。君主治国以法为主，以术为辅，当权柄集中于一人之手时，威势就会立刻显现，也即君主"执柄以处势"，自然令行禁止。

《韩非子》一书对今人的启示

《韩非子》原名《韩子》，宋代时，因为尊称唐代韩愈为韩子，故改韩非之书为《韩非子》。一般认为《韩非子》一书是汉代刘向整理内府图书时编集而成的。《韩非子》现存55篇，这些篇目有的出自韩非之手，有的则是刘向在编集整理时附入的，但也体现了韩非的思想。如《存韩》篇，该篇分三部分，第一部分是韩非的上秦王书，中间部分是李斯的驳议，第三部分是李斯上韩王书，学者研究认为，这三部分内容都涉及韩国的存亡问题，所以被编在一篇中。

韩非是一个睿智清醒的人，他的观点鲜明，逻辑性强，笔锋犀利，在论证自己观点时，往往会通过一些故事去折射世理人情，阐述他对政治与人性的思考，具有很强的可读性。时至今日，这些文字仍能带给我们思考与启发。如："舆人成舆，则欲人之富贵；匠人成棺，则欲人之夭死也。"造车的人希望别人富贵，制作棺材的人希望别人早死，这并不是造车的人仁德，制作棺材的人狠毒。如果别人不富贵，那么车子就卖不掉；别人不死，那么就没有人买棺材。因为利益所在，人心就有了分别。

"以人言善我，必以人言罪我。"韩非因李斯而被秦王赏识，但最终死于李斯之谗言，清醒如韩非，也难逃悲剧结局，提醒我们人性的复杂与多变。"塞翁失马，焉知非福。"保持一颗积极乐观的心态至关重要，有得有失，方是生命的常态。

《韩非子》一书中提出的"以法为本""重法""尚法"思想，执"法"时，"不阿权贵"、一视同仁的思想以及信赏必罚的观点，在社会主义法治建设与司法实践中，仍有现实的借鉴与指导意义。剔除权谋等消极作用，法、术、势三位一体的思想体系，可以在管理实践中为领导者选人、用人提供参考。

（原载 2024 年第 7 期《月读》，作者系中华书局经典普及出版中心编辑）

一书一传话经济：《史记》的经济观

彭玉珊

《史记》中有两篇文章，集中反映了司马迁的经济思想，这就是"一书一传"。

"书"即《平准书》，全面记载国家经济运行状况；"传"即《货殖列传》，正史中最早为商人群体立传。

就如《史记》开纪传体史书先河一样，这两篇文章，同样开史书记载经济活动的先河。

一书一传，体现出司马迁对经济的高度重视，也表达了他对经济活动的基本理解：

> 经济发展是国家强弱盛衰的基础，经济发展也影响着国家政策的制定。

他对于经济问题的深刻洞察与卓越见解，与两个因素有关：

一、其祖先在秦朝和汉朝初期管理过经济、市场。司马迁的曾祖当过"汉市长"，也就是管理汉代首都长安城集市贸易的官员。

二、司马迁小时候参加过劳动，得以接触真实的社会运转情况。

看宏观，要读《平准书》

"平准"的表层意思，是使水之平如准。准，就是水平仪，我国古代的水准测量工具。

古人对于这一点早有认识，《庄子·天道》说："水静则明，烛须眉，平中准，大匠取法焉。"水处在静止状态，就能清楚地照见胡须和眉毛，其平面合于水平仪的要求，高明的工匠取法于此。我们现在安装某些设备时，也常要用到水平仪，以保证水平方向的准确度。

在经济领域，"平准"是西汉理财专家桑弘羊的一项经济措施，大农（即大司农，九卿之一，主管粮食、货币以及盐铁方面的事务）所属各级机构掌控全国货物，价高时买进，价低时卖出，以此平抑物价，使物价不会暴涨暴跌，保持在一个较稳定的水平。

用今天的话说，它是一种政府的宏观经济调控政策。

在《平准书》里，司马迁用制度史的视角，记录了从汉高祖刘邦元年（前206）至汉武帝刘彻元封元年（前110）百年间西汉社会经济发展、财政状况、经济政策和货币制度的变化情况，详细记载了武帝时期一系列重大经济政策实施的原因、过程，实行的后果，乃至随之而来的弊病。

《平准书》的开篇，摆出汉初朝廷面临的两大难题：一是穷，二是乱。

穷，体现在"天子不能具钧驷，而将相或乘牛车，齐民无藏盖"，天子自己坐的车，都找不到4匹同样毛色的马来拉，将相有时出行只能乘坐牛车，百姓一点积蓄都没有，可见国家财政有多么吃力了。

乱，一是货币之乱：由于秦代的钱币重而难用，"令民铸钱，一黄金一斤，约法省禁"，允许百姓私铸钱币，一锭黄金的标准重量改定为一斤〔秦时以一镒（20两）为一金，汉初则改为以一斤（16两）为一金〕，法令约束也相对宽松；二是市场之乱：奸商"蓄积余业以稽市物，物踊腾粜"，囤积多余货物，观察市场的价格走向，在物价飞涨时卖出，结果导致大米每石涨到1万钱，买一匹马竟要花100斤黄金。

从汉高祖刘邦开始，就注意提倡节俭、合理开支，并对商人严格限制，课以重税。经过惠帝、高后、文帝、景帝时期的积累，到武帝继位时，国家呈现出社会安定富裕、百姓家给人足的繁荣景象。

描述完这些，司马迁笔锋一转："物盛而衰，固其变也。"事物发展到鼎盛时期，也就到了转衰的时候，这是必然的变化规律。

接着，就自然而然地讲述汉武帝举措的变化——受经济富足形势的影响，汉武帝开始对外兴兵，对内封禅。而战争频繁，花费巨大，便造成经济凋敝的局面。

为解决困难，武帝推行了一系列经济措施，包括改革货币制度，集中铸币权；实行平准均输政策；实行盐铁官营；卖官爵，允许交纳粮食赎罪；实行算缗（对商人、手工业主、高利贷和车船所有者征税）、告缗（鼓励告发偷漏税的富户，一旦查实，罚没资产一半给告发者，一半收归官府）。

这些举措有效地充实了国库，支持了汉武帝的内外经营，但对当时的工商业者也造成重创。

在这些政策中，司马迁最反感的是"算缗""告缗"，这与他提倡工商业自由发展、重视工商业者对经济的贡献的思想，有着激烈的冲突。

司马迁不反对"言利"，但明确反对为满足帝王个人欲望，而不惜一切代价与民争利，甚至是损害、打击正常的工商业以求厚利。

看微观，要读《货殖列传》

《货殖列传》从人的角度，记载了春秋以来30多位杰出商人的事迹。正是商人积极主动的经营行为，促成商品的流动与财富的增殖。

"货殖"这个词，来自《论语》中孔子评价子贡的话："赐不受命，而货殖焉，亿则屡中。"孔子的意思是，子贡不受命运摆布，经营商业，预测商业行情，往往准确。孔子对这个弟子的经商才能是充分肯定的。"货殖"，即经商营利。细一步说，"货"，是财富；"殖"，是增殖。

　　本篇开篇就指出工商业在经济发展中的重要作用，提出工、农、商、虞四者并重的思想。

　　——顺带一提，我们现在熟悉的"士农工商"说法来自《管子》，而"工农商虞"中的虞，其实古人非常重视。《尚书》记载，舜任命贤人伯益为主管山林湖泽的"虞"，职责包括开发山林湖海、开矿山、搞畜牧、海洋捕捞、海水晒盐等，现在有的归入农业，有的归于工业。

　　尤其精彩的是，司马迁不但记录这些杰出商人的经商行为，还总结出不少很有启发意义的"生意经"。

　　举例来看——

　　前文提到的子贡，在各国经商，可与国君分庭抗礼。司马迁不无夸张地说，孔子能够名扬天下，正是子贡为他活动的结果。"罕言利"者，不免要从"善言利"者那里得到好处。

　　范蠡帮助勾践复兴越国后，功成身退，改名换姓，在地处天下之中、四通八达的宋国陶邑经商，积累了大量财富，被称为"陶朱公"。他的成功，来自对经商地域优势的认识。

白圭采取"人弃我取，人取我与"的策略，低价购入，高价售出，从而积累了财富。他的成功，来自对市场供需变化的观察。

巴寡妇清继承了家族的丹砂矿，不仅守业有成，还利用财富保护自己，甚至得到秦始皇的尊重。她的故事，体现了女性在商业领域的能力和影响力。

卓氏原本是赵国的铁冶富商，秦灭赵后，他们被迁至临邛。卓氏利用当地的铁矿，继续从事铁冶业，最终富甲一方。他们的成功，体现的是面临不利条件时的主动作为、对自然资源的合理利用。

······

除了商人故事，《货殖列传》还包含大量警句，如"用贫求富，农不如工，工不如商，刺绣文不如倚市门""无财作力，少有斗智，既饶争时""人弃我取，人取我与"等。篇末论赞中，司马迁更直言："千金之家比一都之君，巨万者乃与王者同乐。"家有千金就可以和一个都城的封君相比，财产上亿的人其享乐程度就和国王一样了。

这样一篇雄文，笔力观点都可谓惊世骇俗，以致引起某些评家的误读。比如说，有人认为这篇文章是司马迁感伤家贫的作品：

> 迁《报任少卿书》自伤极刑，家贫不足自赎，故

感而作《货殖传》，专慕富利。

但是，司马迁的真实心声，要看《太史公自序》中的原话：

> 布衣匹夫之人，不害于政，不妨百姓，取（与以）时而息财富，智者有采焉。作《货殖列传》第六十九。

一个平民既不触犯法律，也不妨害百姓，单凭看准时机做买卖而发财致富，智者也认为有可取之处。

所以，司马迁的识见苦心，终于还是为后人所了解：

> 然其纵横自肆，莫知其端，与《游侠传》并称千古之绝矣。

其来有自

司马迁的经济思想并非凭空而来。

往前追溯，除了家族的熏染外，还有一位对他影响至深——

春秋时期的政治家、思想家管子。

司马迁与管子虽然所处时代、经历不同，但他们对生死的看法却有相似之处：行大义者，不拘于小节。

他在《史记》中，多处表达对管子的赞赏，说管子"通货积财，富国强兵""贵轻重，慎权衡"，赞同"仓廪实而知礼节，衣食足而知荣辱"的观点，称颂其治国之功。

《管子》一书中点出人类趋利避害的本质，司马迁也明言："富者，人之情性，所不学而俱欲者也。"追求富裕是人的本性，不用学，天然就会。

管子在生死观、义利观等方面，均对司马迁影响至深，而这恰是司马迁的经济思想和后世史家相比，一个明显不同的来源。

所以也就不难理解，为什么《汉书·货殖传》内容上大多沿袭《史记·货殖列传》，但在评价具体人物时，班固往往删去褒扬文字，加上贬低的评语——整体上，班固对商人群体持贬抑态度。

特别明显的一个例子，还是子贡。

司马迁对他不吝溢美之词，"行孔子名"，老师孔子都沾了他的光。

而班固加上三个字："孔子讥"，借孔子之口，无情嘲讽。

还原班马二人的生活时代，司马迁所处西汉时期，儒学根基还不稳定，司马迁本人也受父亲司马谈影响，广纳百家之说；班固生活的东汉，儒学思想已经深入到社会生活的各个层面——确定儒学至尊、结束学术纷争的《白虎通义》，执笔人正是班固。

不同于今天我们对《史记》的高度喜爱，其实在很长一段历史时期里，人们普遍是将《汉书》置于《史记》之上的（比如文豪苏轼，曾多次手抄《汉书》以示重视）。

《汉书》作者班固对商人群体和商业行为持轻视态度，直接影响了后世历代史家的经济观。

尽管历代正史中的《食货志》记载了大量的经济活动、经济思想乃至重要决策人物，但像司马迁一样主动热情地称赞商人群体的，却难以看到了。

司马迁的经济思想，也恰如《史记》本身，难觅知音于当时，但随着时间的推移，其价值反而日渐显明。

想了解历史，当然不能错过《史记》。

想看懂经济，《史记》"一书一传"非常值得读。

（原载 2024 年 10 月 25 日"中华书局三全本"微信公众号，作者系中华书局经典普及出版中心编辑）

《群书治要》：贞观君臣的治国理论框架

彭玉珊

谈及中国历史上的著名治世，唐太宗君臣共同开创的"贞观之治"堪称典范。这段时期，从大环境看，当得起一切形容治世的褒义表达：吏治清明、社会稳定、经济繁荣；而以政治生态论，太宗君臣对历代治乱兴衰的主动借鉴、反躬自省，君主纳谏与臣子直谏形成的良好互动，乃至臣子对君主的"偶有冒犯"，常为后人津津乐道。

领略贞观明君贤臣风采，可读《贞观政要》；了解唐太宗对帝王这一身份的理解与思考，可读《帝范》；而要探寻贞观君臣在讨论与确定大政方针时，共同遵循了哪些基本共识，这些共识的理论渊源何在，则有一部大书可以提供丰富的参考——这就是《群书治要》。唐太宗用 10 个字，概括了读《群书治要》之后的收获："知风化之本，见政理之源。"并说自己对这部书，已经看重到"手不释卷"的程度。

如果说，《贞观政要》和《帝范》更多地呈现出贞观之治的"现象"，那么，《群书治要》则全面地揭示了贞观之治的"本源"。

贞观之初，名臣编修

贞观初年，唐太宗稳定内外局势后，随即开始着手发展生产，以图国家强盛。同时，他很注意总结历代的统治经验，尤其是隋朝二世而亡的前车之鉴，使他深入思考如何不重蹈覆辙——最重要、最直观的方法，自然是以史为鉴，从中国历代典籍中挖掘精华，借鉴往圣先贤的智慧，以期实现长治久安。因此，魏徵、虞世南、褚亮、萧德言等受唐太宗之命，从66部经典里选出与治国经验联系最为紧密的内容加以编辑，最终于贞观五年（631）完成，合为5函，共50卷。

这几位编选人员的身份，值得一一加以介绍：领衔者魏徵，是敢于犯颜的诤臣，也是博闻广记的学者，贞观三年（629）起任秘书监，掌管经籍图书等事务，晚年更主持编修《隋书》。虞世南，曾得到唐太宗的高度评价："世南一人，有出世之才，遂兼五绝。一曰忠谠，二曰友悌，三曰博文，四曰词藻，五曰书翰。"褚亮，著名书法家褚遂良的父亲，为人严正刚肃，曾跟随皇帝出征。萧德言，儒门之后，博涉经史，尤通《左传》，贞观中任著作郎，兼弘文馆学士，颇为时人敬重。

由这些学识广博又有治政经验的人物合作编成的《群书治要》，其权威度和实用性可谓不言而喻。

博采群书，合为治要

对于这样一部"采经史百家之内嘉言善语、明主暗君之迹"的大书，唐太宗非常满意，下诏褒奖道：

> 朕少尚威武，不精学业，先王之道，茫若涉海。览所撰书，博而且要，见所未见，闻所未闻，使朕致治稽古，临事不惑，其为劳也不亦大哉！

大意是说，我从前忙于打仗，顾不上学业，想要学习先王之道，总觉茫然不得要领。看完这部书，立刻耳目打开，懂得如何向古圣先王学习治国之道，遇到事情不再迷惑。编书诸位，功劳甚大。

其中的"博而且要"，高度概括了《群书治要》的特点——

先说"博"。"博"，首先指的是此书时间跨度长，"上始五帝，下迄晋年"；其次是选材范围广，《隋书·经籍志》分古代图书为经、史、子、集四部，此书选材包罗经、史、子三部，因为集部多为文学作品，与治国理政关联不够密切，故而未列入考虑范围。

那么，《群书治要》选入的经、史、子各部，分别包含了多少种书呢？

经部 12 种，选入《周易》《尚书》《诗经》《左传》《礼记》《周礼》《孝经》《论语》的内容，还选入未被列入经书的 4 部著作——《周书》《国语》《韩诗外传》《孔子家语》。

史部 6 种，选入《史记》《吴越春秋》《汉书》《后汉书》《三国志》《晋书》6 部史书中的内容。值得一提的是其中的《晋书》，据考证，是 18 家记载晋朝历史的旧著中辑录而成，其中以臧荣绪《晋书》为主，而非房玄龄等撰的《晋书》。

子部 48 种，节录《六韬》《阴谋》《鬻子》《管子》等子书中的部分内容，涵盖儒、道、墨、法、兵、杂等多个学派。其中还包括《孟子》，当时它还没有被列入经书之中。

再看"要"。一是从浩如烟海的典籍中，精心选取 66 部代表性著作；二是编者没有简单地照录全文，而是用心摘选最具现实指导意义的语句或文段，可以说是从精华中再选精华。

魏徵自述编选原则，要"见本知末，原始要终，并弃彼春华，采兹秋实。一书之内，牙角无遗；一事之中，羽毛咸尽"，想使观书者得以见本知末，明白事情的完整过程，采编中舍弃辞藻华美的文章，选取具有实效的篇目。一书之内，节录的片段完整没有遗漏；一事之中，毫毛细节全都保存。也就是在保证文章体例不变的前提下，对全篇有所剪裁，使文意更加鲜明突出。

举一个例子。《汉书·司马相如传》全文长达上万字，除记载司马相如的生平之外，还全录《子虚赋》《喻巴蜀檄》《难蜀父老》《上疏谏猎》等文章；而《群书治要》所录不过 400 字，简单交代司马相如姓字籍贯宦历之后，随即录入《上疏谏猎》文章与"上善之"的结果，而司马相如其他那些以辞藻见长、铺排华丽的文章，以及他琴挑卓文君、与汉武帝君臣遇合故事等等，一律不收。这种选录方式，突出编选者要求选文必须为治国之根本服务的宗旨，换言之，比起司马相如其人其文如何，编选者更重视的是借用司马相如的文章，警示自己的"目标读者"，切勿放纵私欲，肆情游猎。

全书的编修，始终贯彻"博""要"两个原则，正和魏徵《群书治要序》中的叙述相呼应："采摭群书""本求治要"，选取群书精华，以求治政要领。

无论是编者魏徵，还是读者唐太宗，都由衷地希望：这套鉴览前古的大书，能够稳稳当当地传下去，百年千年，造福后人。

但是后来，这部书命运之坎坷，远超贞观君臣的想象。

一度失传，辗转回归

《群书治要》编成后，唐太宗自己反复阅读，还下令抄录一些副本，赐给太子及诸王，作为重要的从政治国参考书。天宝年间，唐玄宗获知此书后，也下令抄录副本，分赐太子以下。

从文献著录来看，《旧唐书·经籍志》尚录有"《群书理要》五十卷"（为避唐高宗李治讳，此书在唐代也称《群书理要》），《新唐书·艺文志》又改为"《群书治要》"，也为"五十卷"，但到了《宋史·艺文志》中，这部书仅录为"十卷"。大致可以推断，到了南宋时此书便已不全，后来甚至这10卷也佚失了。究其原因，大概是因为此书一是藏之秘府，仅为少数皇室成员所拥有；二是当时雕版印刷技术还不成熟，大部头手抄本普及困难；三是安史之乱爆发，唐朝国势转衰，图书多有损毁，《群书治要》抄本也未能幸免，变得残缺不全。

不幸中的万幸是，安史之乱以前，日本、朝鲜等国纷纷派遣使者前来学习汉文化，天宝十二载（753），恰有日本最大规模的一次遣唐使来朝，玄宗特许日本使节进入宫廷秘府，使之得观典籍。据相关研究，很有可能就是在这次遣唐使把《群书治要》的副本带回日本。这部书因为种种原因失传于海内，但却东传日本，奇迹般地保存下来。

日本现存最早的《群书治要》是平安时期的抄本，但真正产生影响的是金泽本，即日本镰仓时代"金泽文库"的创建者北条实时委托人抄录的本子。

到了德川幕府第一任将军德川家康执政时期，德川家康看到这部书，非常欣赏，下令使用铜活字据金泽本排印此书。

一个半世纪以后的天明年间，德川家康后裔尾张藩主启动重刊工作，天明七年（1787，清乾隆五十二年），《群书治要》校勘整理本重刊行世，这就是现在通行的《群书治要》尾张本，也称"天明本"。

"天明本"问世 10 年后，宽政八年（1796，清嘉庆元年），此本由中国商人携回本土。著名学者阮元巡抚浙江，发现了一批未能收进《四库全书》的珍稀古籍，其中就有《群书治要》。阮元依照《四库全书总目》例，为每书撰写提要，将此书连同其他稀见难得之书一起，共 175 种，进献给嘉庆帝。嘉庆帝十分高兴，据传说中夏禹登宛委山而得金简玉字之书的典故，赐名《宛委别藏》。

略有缺憾的是，"天明本"《群书治要》仍有 3 卷失传，分别是卷四（《春秋左氏传（上）》）、卷十三（《汉书（一）》）和卷二十（《汉书（八）》），但无论如何，《群书治要》的失而复得，是中国文化史上的一件幸事。

辑佚校勘，文献可贵

为何说是幸事？因为此书不只具有现实匡政意义，在文献方面的价值也同样不可低估。

成书于唐初的《群书治要》，包含大量佚书、佚文，能使我们看到唐代以后散佚的一些古书，非常有助于古籍的辑佚和校勘。

据统计，《群书治要》共收录亡佚典籍 15 部，其中史部 1 部，为《晋书》，系从 18 家记载晋朝历史的旧著中辑录而成，其中以臧荣绪《晋书》为主，而非"二十四史"中的《晋书》；子部 14 部，包括《尸子》《申子》《桓子新论》等。文献学者早就发现了这一点，比如，严可均在辑录《全上古三代秦汉三国六朝文》时，共有 153 段辑文引用《群书治要》，更据书中的《孝经》辑出《郑注孝经》一卷。

就校勘而言，由于《群书治要》资料来源是贞观初期官府所存的唐前善本，多有与今日通行本不同的异文及佚文，因此学者校勘唐前古籍时，《群书治要》是重要的参考材料。

《群书治要》的夹注部分，同样蕴藏丰富。以《史记》为例，大部分的夹注来自"三家注"之一的裴骃《集解》，而黄帝、帝颛顼高阳、帝喾高辛、帝尧放勋、虞舜重华几节的夹注，则有引自西晋皇甫谧《帝王世纪》的部分——《帝王世纪》所述秦以前史事，博采经传杂书，可补《史记》之缺，惜原书已散佚。再如，《晋书》的夹注，采自孙盛《晋阳秋》、干宝《晋纪》、荀绰《晋后略记》、习凿齿《汉晋春秋》等多种著作，同样，这些书大都已经散佚。而通过《群书治要》载录的片断，后人可以拾获有价值的信息。

魏徵在序言中自述，这部书"用之当今，足以鉴览前古；传之来叶，可以贻厥孙谋"。也就是说，用在今天，足够以古代作为鉴戒；传到后世，能够为子孙安排打算。的确，《群书治要》虽诞生于 1000 多年前，但其蕴含的历史经验、治政理念、思想精华，直到今天仍有丰富的现实意义。尤其对于治政者而言，读《群书治要》能够起到自重、自省、自警、自励的作用。古语有云："明镜所以照形，古事所以知今。"魏徵等人编修《群书治要》的良苦用心，相信今人必能切实体察，学以力行。

　　（原载 2024 年 8 月 21 日"中华书局 1912"微信公众号，作者系中华书局经典普及出版中心编辑）

《张居正大传》对传记文学的探索

李若彬

1943 年 8 月，朱东润在重庆寓所写毕《张居正大传》的序言，将书稿交付开明书店，由开明书店于 1944 年出版，1957 年由湖北人民出版社出版。1981 年，湖北人民出版社再版此书，并请作者撰写了《三版后记》，这是朱东润生前对《张居正大传》的最后一次修订。《张居正大传》出版的 80 年间，经历了岁月的考验，在一代代读者中口耳相传，被列为"二十世纪四大传记"之一。《张居正大传》开创了中国现代传记文学的一条新路，是中国现代传记文学的开山之作。

"大传"之为体

1941 年，朱东润所在的武汉大学中文系开始设置"传记研究"课程，于是有教师开设韩柳文专题。但朱东润认为："传记文学也好，韩柳文学也不妨，但是怎样会在传记研究这个总题下面开韩柳文呢？"(《朱东润自传》)这引起了他对"传记"这一体裁的思考。

朱东润早年留学英伦，对欧洲传记，特别是英国作家的传记，下过一番功夫，对西方的传记理论、传记作品和传记作家都非常熟悉。回国任教后，他又多方搜集资料，写成十余万字的《八代传叙文学述论》，对中国古代的传记文学作了一番梳理。在传记文学研究方面，他有着比前人更广阔的视野和更深厚的学养。在他看来，从秦汉的史传、魏晋的碑志到唐宋的墓铭、行状，明清的文集、年谱，乃至西方传记学者和作家重视的自叙、回忆录、日记、书信，中外传记文学的体裁各有优势，也都有各自的局限。于是他决定"实地写一本传记"，"替中国的传记文学作一番斩伐荆棘的工作"(《张居正大传·序言》)。

目标既定，就要考虑写法的问题。朱东润认为，鲍斯威尔的《约翰逊博士传》可谓家喻户晓，但"要写成这样一部作品，至少要作者和传主在生活上有密切的关系，而后才有叙述的机会"；斯特莱切的《维多利亚女王传》，言简意赅，"很有《史记》那几篇名著的丰神"，但又失之太简；最后，朱东润决定做一种"有来历、有证据、不忌烦琐、不事颂扬"的作品。这几条原则看似平常，实际上对写作者的要求是很高的。

对于这种前所未有的新题材，朱东润将其命名为"大传"，对此他也作了一番解释："'大传'本来是经学中的一个名称，《尚书》有《尚书大传》，《礼记》也有大传，但是在史传里从来没有这样用过……既然列传之传是一个援经入史的名称，那么在传记文学里再来一个援经入史的'大传'，似乎也不算是破例。"在创作《张居正大传》之前，朱东润曾作《史记考索》《汉书考索》《后汉书考索》，对史传的写法有非常深入的研究。传统史传对同一事同一人的记载，常有所谓"互见"的笔法，读者往往在某人的传记中得到一种印象，而在其他人的传记中，甚至在史书的幽微隐晦之处，又会发现这个人的另一面。显然，朱东润所创立的"大传"，既沿袭了传统史传"解说经义"的宗旨，又有不忌烦琐、叙事完整生动的文学特色，并非传统史传一字含褒贬的"春秋笔法"，而是一种融汇中西传记传统的新的尝试。

对今天的读者来说，所谓"传记"，似乎本该如此，但在 20 世纪 40 年代的中国，这还是一条没有人走过的新路。本书的开创之功，正在于此。

"张居正"之为题

体裁既经确定，接下来便要选择一位传主。朱东润认为，对一位优秀的传记文学家来说，无论人物大小，任何人的一生都可以写成一部优良的著作，但一个平常的人物难以引起读者的注意，所以还是要从伟大人物着眼。传主的时代不能太远或太近，太远对读者来说有隔膜，太近则会因为我们还生活在他的影响之下，难以形成全面的认识。

除此之外，时代的影响也至关重要。朱东润创作此书时，正值抗日战争最为艰苦的时期，他亲见战火蔓延、民生困苦，对国家民族的前途充满忧虑。身在后方，又对当时政府公文政治的作风深有体会，也深为不满，他在1941年重庆出版的《星期评论》上发表讨论唯名主义的文章，意在批评当时政府只重言论、公文而不顾实行的作风。有感于这样的内忧外患，作者最终选择了张居正。对此，他解释说："第一，因为他能把一个充满内忧外患的国家拯救出来，为垂亡的明王朝延长了七十年的寿命。第二，因为他不顾个人的安危和世人的唾骂，终于完成历史赋予他的使命。他不是没有缺点的，但是无论他有多大的缺点，他是唯一的能够拯救那个时代的人物。"（《朱东润自传》）

朱东润把张居正作为一个"救国救民的范本"来写，并不完全出于自己的主观判断。事实上，《明史纪事本末》中即对张居正有"救时宰相"的评价，他对当时的政治稳定和经济发展是有贡献的。

写作的"出"与"入"

20世纪30年代，朱东润已经对历代史传做过系统的研究，决定创作本书之后，他又查阅了《明史》《明史纪事本末》《明纪》《明史稿》《明会典》《张文忠公全集》等史料，做了大量资料收集工作。在实际写作中，他有意避免唐宋墓志那种"谀墓"的习气，要求自己言必有据。今天看来，最终问世的作品也达到了他自己的期望，对传主既不一味颂扬，也不专事批评。但作者对张居正的总体评价是正面的，加之熟悉史实，对张居正的言行有设身处地的理解，因而行文中常有感情流露。例如，讲到张居正因关照徐阶后人而招致高拱及其门人的攻击，朱东润写道："黑暗中的动物没有道义，没有感情；他们也不相信人类还有道义和感情。"显然，作者认为张居正此举是出于道义和感情，而不是更复杂的政治目的。

另一方面，作者也时常抽离历史语境，以旁观者的视角为读者分析局势。比如万历即位之初，作者对张居正与慈圣太后、神宗和冯保的关系做了一番分析，使读者对张居正所面临的复杂局势有大体了解；再如对争议颇多的"夺情"一事，作者援引众多史料，从皇帝的态度、百官的态度到张居正的个人感情、现实考量等诸多方面，条分缕析，说明在这样一场牵涉众多的巨大矛盾中，不同立场的人物出于各自目的所作的选择，共同造成最后的局面，为张居正的结局埋下了伏笔。作者也不是一味同情和颂扬，对传主的某些缺点乃至污点，只要是史有实据的（比如张居正的专权、贪污），也并不避讳。

传记是写人记事之作，用朱东润的话来说："对话是传记文学的精神，有了对话，读者便会感觉书中的人物——如在目前。"但我国传统的史传文学都是以文言写成，这就带来一个问题：付诸笔下的口语变成了文言，人物说话都是"之乎者也"，读起来颇不生动。朱东润又援《史记》改写《尚书》之例，认为史籍中的文言对话是可以转写的。但同时他也意识到，转写的结果应当是明代人的口语而非现代人的口语，于是他以张居正奏疏中保留的对话为据，对史料中的文言进行改写，所以我们才能看到诸如"说与皇帝知道""与先生酒饭吃"这样生动的口语。翻阅明代的官方史料和私人书牍，不难发现，这样的改写工作是颇费功夫的，作者必须精通文言，又对白话运用纯熟，才能恰到好处地把握"古"与"今"的分寸，写出现代人能看懂的"明代人的话"。

《张居正大传》既能借助大量材料还原历史，让读者身临其境，又能以旁观者的视角为读者剖析人物事件，窥见历史的偶然性和必然性。在"当时"与"今日"之间自由出入而游刃有余，是这部传记的高明之处。

（原载 2024 年 1 月 27 日《光明日报》，作者系中华书局大众图书出版中心编辑）

《新方言》舌齿音声组流转关系研究

杨艳惠

　　长期以来，人们论及章太炎的古声组主张，多着眼于《国故论衡》《文始》等著述中相关理论的论说，较少从他对古今语言具体材料的研究中去梳理、归纳，从而一般只是注意到他归结的娘日归泥及其组表的二十一组体系，继而对他的以齿头（精组）附于正齿的做法持简单批评态度。但是，纽表的主张是从材料分析的实践中上升的。所以，着眼于作者对具体材料的分析，有助于更准确理解纽表形式上的内涵以及背后的理念、推理的逻辑，从而深入理解章太炎的古音学理论。《新方言》沟通现代方言与上古雅言的词语关系，其中除了意义关系之外，语音关系是首要的标准。章太炎确定的古今词语的语音关系，包含了他理解或主张的时地音变的各种规律。从而，《新方言》在确定古今语音关系时，反映了章太炎的古音学主张和理念，内容远比组表要丰富、复杂、深刻。《新方言》的古音学主张包括关于古韵、古声以及古四声的内容，限于篇幅，本文只取其古声组中关于舌齿音各类相通转的部分，以窥一斑。

一、《新方言》舌齿音声纽流转归类

根据传统音韵学分类，《新方言》舌音分为舌头（端组）、舌上（知组），齿音分为正齿（章组和庄组）、齿头（精组）。其中，在具体材料分析中，显示了正齿音三等（章组）与二等（庄组）有区别。所以，本文讨论章太炎对古今舌音、齿音流变的各种情况，以四十一声类（为讨论方便，本文称"某纽"）为标准划分和讨论。具体方法是，四十一声类分别为端组（端透定泥）、知组（知彻澄娘）、正齿（包括章组章昌船书禅日和庄组庄初崇生）和齿头（精清从心邪）四组。以此四组中各组之间发生相转时，章太炎对古音的判定，来看他的古声组主张及其中反映的古今音转理论，包括声音时地流转的规律、不合规律的"音误"，以及音转解释背后的音理。

根据本文搜集的材料，上述五组声纽之间的相互流转，按两两相转关系分类，得到下面 9 种关系类型：
（一）舌头—舌上，（二）舌头—正齿，（三）舌头—齿头
（四）舌上—正齿，（五）舌上—齿头
（六）正齿—齿头

（七）舌头—舌上—正齿

（八）舌头—正齿—齿头

（九）舌头—舌上—正齿—齿头

（上述类型次序并非专指由左向右流转，亦有双向流转。如第三类，有舌头转齿头，也有齿头转舌头。）

第一种类型，虽然钱大昕已提出，但现代方音的情况也不一律，有的知组字古音并不读端组。因本文旨在综合观察比较，故而给予关注。下面择要举数例讨论。

（一）舌头（端组）—舌上（知组）

《新方言》各条材料的分析中，一个词的古今演变，一般包含三个语音信息：一是古语词的今音（即《切韵》）反切，这是一个语音标准；二是与古语词对应的现代（少数为明清近代）方言词（或常语）的音读；三是章太炎判定的该词的上古音。此三者联系起来也就包括了上古到《切韵》再到今方言的语音流变轨迹。比如，如果上古一个字《切韵》读知组，今方音读端组，判断古音读端组。其中的古今音转轨迹就是：上古音的端组，在中古读舌上（并且在现代通语也依舌上读卷舌），但在方言中保持上古音不变。反映了通语的古今音变趋势和方音差异。根据各条材料中这三个信息的不同情况，本文在上述各类型中，分别甲、乙、丙、丁等各种音变类型。

甲类（《切韵》知组，现代方音端组，古音端组）

端—知

　　《说文》："罤，绊马也。读若辄。或作絷。从
系，执声。"陟立切。引伸为人足絷。《春秋》："盗
杀卫侯之兄絷。"《左氏传》曰："孟絷之足不良，能
行。"《谷梁》作辄。《传》曰："两足不能相过，卫谓
之辄。"今通谓两足不能相过为絷脚，絷读如垫〔都
念切〕。垫亦从执声。古无舌上知纽，"絷"归舌头，
《经典释文》有丁立反。转去则音垫矣。(《释形体》)

　　按：罤、絷《广韵》同陟立切，知纽。垫，都念切，
端纽。丁立反亦端纽。章太炎时方音絷读如垫，与《释
文》丁立反同读舌头端纽。"古无舌上知纽，'絷'归舌
头。"他的判断是罤（絷）古读端纽。

乙类（《切韵》知组，现代方音知组，古音端组）

定—知

　　《尔雅》："蝾螈、蜥易。蜥易，螇蚸。螇蚸，守
宫也。"今呼在壁者为壁虎。绍兴谓在地者为螇蚸，
蚸本音徒典切，今从舌头转舌上，为陟邻切。(《释
动物》)

　　按：蚸本音徒典切，定纽。绍兴音陟邻切则为知纽。
"今从舌头转舌上"，是认为古读舌头，并且反切时代也读

舌头，而今方言有读舌上者。

比较甲类、乙类可知，对于《切韵》知组，今方言也不都是读古音端组，而是也有读知组音的，但仍是归舌头。章太炎对于乙类，判定古音并不是以现代方音为准。即使是同一种方言，对于同一个古音来源，现代方音也可能是多歧的。（其他类别例略）

二、《新方言》舌齿音关系分析

《新方言》所举古音、今音（《切韵》反切）与现代方音（本文或称"今方音""今方言"）之间的相通、相转关系，较为复杂。章太炎对这些相通转关系的判断，应当分别不同的情况来看。本文将分析所得各类声转类型归纳如下表：

表 1 :《新方言》各声类通转表

声类关系 （以首组代表该组）	分类	切韵	今方音	古音
（一）端—知	甲类	知	端	端
	乙类	知	知	端
（二）端—章	甲类	章	端	端
	乙类	端	章	端
	丙类	章	端	章
（三）端—精	甲类	精	端	端
	丙类	端	精	端

声类关系 （以首组代表该组）	分类	切韵	今方音	古音
（四）知—章 / 庄	甲类	知 / 章	章	章
	丙类	章	知	章
	丁类	庄	庄	知［端］
（五）知—精	甲类	知	精	精
（六）章 / 庄—精	甲类	庄	精	精
	乙类	章 / 庄	章	精
	丁类	庄	精 / 庄	精
（七）端—知—章	甲类	端 / 知 / 章	端	端
（八）端—章 / 庄—精	甲类	章 / 庄 / 精	端	端
（九）端—知—章—精	甲类	端 / 知 / 章	端 / 精	精
	乙类	端 / 知 / 章 / 精	知	端

通过对《新方言》中古音、今音、现代方音三者之间各种流转关系的整理，上表反映的章太炎上古舌齿音声组主张有：古有齿头音精组、庄组古音与精组相通转、古有正齿音章组、古无舌上音知组。

关于古无舌上音知组，钱大昕谓古人"舌音类隔之说不可信"，即"古无舌上音"。从章太炎的组表看，知彻澄娘归端透定泥，也是舌上归舌头。从《切韵》四十一声类系统看，这点没有疑义。但是，上古和现代方言中的事实却并非那么简单、整齐划一，舌上音不但与舌头音相转，也与正齿、齿头音相转。章太炎看到的事实比钱大昕复杂。

表1各类关系中,《切韵》和今方言出现知组的有一、四、五、七、九各类,其中古音有归端的(一甲、一乙、七甲、九乙),有归章的(四甲、四丙),也有归精的(五甲、九甲)。

三、《新方言》舌齿音关系反映的古音学理念

章太炎《音表·纽目》提出古音二十一组,一般都以此来论述他的古声纽主张。但如果我们将上面反映的古舌齿音关系主张放到章太炎《纽目》中观察,会有更深入细致的理解。先看他的《纽目》:

表2:《新方言》卷十一《音表·纽目》

喉音 牙音	见 晓	溪 匣	群 影(喻)	疑	
舌音 齿音	端(知) 照(精)	透(彻) 穿(清)	定(澄) 床(从)	泥(娘日) 审(心)	来 禅(邪)
唇音	帮(非)	滂(敷)	並(奉)	明(微)	

《纽目》表是一个概括性很强,从而是大体亦即笼统的结论,《新方言》对具体材料的分析讨论,具有具体性和复杂性。结论是从材料的分析归纳中来的,材料的分析归纳有助于更充分理解、解释结论。结合纽表与本文列举材料反映的古音分合主张和古今声音流转的理论,可得如下结论:声纽系统的结构有层次;平面结构的层次是历时

的演变阶段的积淀；语音历时发展演变的趋势与方音流转
有相当的复杂性。

关于语音历时发展演变的趋势与方音流转复杂性，表
1 可见。章太炎的理论认为，语音的演变趋势是发音部位
从后向前、从洪到细发展。如果将从四十一声类归并反映
的古今音变趋势视为"顺向"的话（如舌头分化为舌头与
舌上），那么，不合于这种音变趋势的，就是"逆向"。如
《切韵》的精组，今方言也有读端组的。《新方言》是基于
古今各地复杂的方言材料的，所以其中反映的语音演变不
都是"顺向"。章太炎作二十一纽是基于对各地方音演变
实际的认知：

> 今音三十六纽不能所在晐备，稽合方言，数或增
> 益。明其通转，则凡二十一纽而已。中原疑或近喻，
> 江左匣喻相� ；日纽大半为泥，泥纽又与娘合；大河
> 南北去声群皆作见，定皆作端；湖南诸郡去声见皆作
> 群，端皆作定；舌上之知彻澄，江南扬、粤与照穿床
> 不殊，齿头之精清从心邪，九州旧服与照穿床审禅相
> 迤，此皆合符，持轨不越音例。(《音表》)

各地音变趋势不同。从而对上古声纽的归纳明确区分
了语音流变与讹误：

> 若乃音无为胡，以支为稽，轻唇入牙与重唇相

失，齿音归喉与舌头异撰，此为音误，不得云流变也。(《音表》)

章太炎区分正常的语音流变与音误："轻唇入牙，与重唇相失"，"齿音归喉，与舌头异撰"，"疑纽误娘纽"等，均属于音误。虽然这种音误不合通常意义上的语音的发展规律，但它实际存在，从各地语音特点互有不同的情况来看，只要客观上发生过的，即符合一定的音理，可据以确认古今词语的关系，并作为一种语音区别特征来概括不同方言区的特点。

综上，由于《新方言》材料和研究方法具有沟通时空即古今、方国两个纬度的特点，以及各地活语言语音特点不同，反映了语音演变的复杂性。章太炎以其语音演变具有大趋势的理论，从这些复杂的关系里判定其上古、中古和现代方音之间的演变关系，以符合大趋势的为"流变"，不符合大趋势的为"音误"。"流变"是历时音变的规律，也是人们经常注意的古今音变；"音误"是各方音的特殊读法，这是人们不经常注意的。《新方言》这种不同于只关注文献语言的、现代语言学注重活语言的主张和实践，非常宝贵，需要深入发掘。

（原载 2024 年 12 月《励耘语言学刊》，有删节，作者系中华书局古联［北京］数字传媒科技有限公司编辑）

艺文类聚

古籍无言，你可以替他们说

——《重回永乐大典》微短剧观后

朱兆虎

故事是有力量的。

《笑林广记》之书，当时作者不辞鄙俚，诡时玩世，嬉笑怒骂皆成文章，留下了丰富的社会生活和文化史料，今日读来，往往披沙见金。警策语如"此三书（《文选》《汉书》《史记》）熟其一，足称饱学"，是指示人精读细读的读书方向。带入到《广记》营造的故事情节中，"譬如为山"、"譬之宫墙"、"譬如行远必自迩"、"能近取譬"，"临财毋苟得，临难毋苟免"，"施施从外来，骄其妻妾"等经典中的语句，便都有了具体形象，显现在外，令人过目不忘，随口成诵。这是故事的力量。

置身故事情景和戏剧情节中，能够让更多小众专业走进大众视野，深入人心。雅俗之间，本非泾渭分明，鸿沟难越。

所以当《重回永乐大典》上线播出，当全新的艺术形式——微短剧遇上古籍保护，给了我许多期待。《重回永乐大典》是由中国国家图书馆（国家古籍保护中心）、中央广播电视总台视听新媒体中心、抖音集团出品，央视频、红果短剧联合出品，或许创作团队从《逃出大英博物馆》获得了灵感，但在"书灵"一角儿的设计上，在故事的表达推进上，在古籍修复者与"书灵"的心灵感应上，让我看到了《E.T. 外星人》的影子。

古籍就是古书，"古籍修复"，忠实于古书原貌，"古籍整理"，尊重于古人本意，都是特别需要讲求工匠精神的工作，需要一点点"偏执"的执着和坚守，把冷板凳坐热，才能在不经意间，际遇古人。书灵既是古书之灵，也是古人之灵、历史之灵，同时也是从事古籍保护、古籍整理者的"匠心"外现，精诚所至，物我一体，古书化而为灵。否则即便书灵在前，也是看不到的。古籍的修复、整理，E.T. GO HOME。

短剧中令人印象深刻的是纪录片式的影像质感，捕捉了搓纸捻、打浆糊、揭、托、补、裁、订等诸多细节，用镜头语言细腻地再现了古籍修复的过程，用心用情，为短剧制作提供了另一个维度。

毛姆说："爱听故事是人类的天性"，"听故事的愿望在人类身上，同财产观念一样是根深蒂固的。自有历史以来，人们就聚集在篝火旁或市井处听讲故事"。虽然对古籍的传播，与保护、修复、整理、利用同等重要，但由于古籍工作的特性，往往缺少故事性，有些故事虽好但并不好讲。我们还是以《笑林广记》为例，来拆解《嘲中人》的故事中所嵌的一则小故事，原文如下：

> （中人）儿长性憨，年十八，惟读《大学》三页。人问："令郎读《左传》否？"翁曰："《左传》已读，今闻读'右传'矣。"盖日听其诵"右传首章"，"右传二章"故也。

讲的是有一位房地产中介的儿子憨钝，不学无术，到18岁才只读了3页《大学》。有人故意戏谑中介，问他儿子诵读《左传》没有，中介说《左传》已读完了，这些天我听着他已经在读"右传"了。这里所谓的"右传"，是指朱子《四书章句集注》中，《大学章句》里的"右传之首章"、"右传之二章"等。可知中介儿子仍只在读《大学》，不仅没有读《左传》，而且连他爹也不知道儿子究竟在读啥书。

这则故事背后，涉及中国古代学术史上的一桩公案。《礼记》是五经之一，收有49篇文章，《大学》原本只是其中一篇，常见于《十三经注疏》中《礼记正义》，称为"注疏本"。宋代朱熹把《礼记》中的《大学》《中庸》单独抽出来，与《论语》《孟子》合编，称为"四书"，撰成《四书章句集注》。不仅如此，朱子还在"注疏本"的基础上对《大学》作了重新编排，把开首的"大学之道"至"未之有也"一段205字，称为"经"；把后面的部分分成10章，也就是10个段落，认为10章按顺序分别解释经文的10个要义，称为"传"，即解释经义的文字，并且调整了"注疏本"的顺序，这就形成一个新的《大学》版本，称为"朱熹本"。后来由于《四书章句集注》成为钦定的教科书，是科举考试的标准，朱熹本通行天下，注疏本渐被学子淡忘。所以清代学者孙希旦所撰著名的《礼记集解》，《大学》、《中庸》两篇仅存目，刻意不作注释，只在篇目下注"朱子《章句》"四字，意谓朱熹本悬之日月而不刊，移步读《章句》即可。民国以来，学者折中二本，无能偏废，钱基博说："要之《大学》一书，以注疏本为最古，以朱熹本为最通行，一汉一宋，如日月之经行中天。"

古书竖排，上文在右，下文在左，《大学章句》中"右传之首章"、"右传之二章"等，出现在朱子所划分10章的每章之后，就是指上文是"传"文的第一章、第二章……注疏本的《礼记·大学》只是一篇文章，不存在分经传之说。南怀瑾也曾回忆说："在南宋以后的《大学》《中庸》，便有'右一章'、'右十章'的注释。当我在童年时候，一般同学们读书读得疲劳了，便大喊：啊哟！我现在又读到'发昏'第一章啊！"

这则不足50字的小故事，用《左传》、"右传"的有趣反差，精准把握了朱子《大学章句》的特点，而以故事或"段子"的方式表达出来。在古人能马上捕捉到笑点，而今天讲来，却需用数百上千字才能拆解开来，解释清楚。故事成为了引入《大学》这一知识点的突破口，让人在会心一笑之余，强化对学术史的认识。

总之，关于古籍的故事，并不好讲，所以更需要像《重回永乐大典》这样的努力，以这样的方式，让人们关注古籍、亲近古籍。正如剧中所说："古籍无言，你可以替他们说。"

古籍无言，需要更多人替他们说。

（原载 2024 年 11 月 21 日"北青网"，作者系中华书局学术著作出版中心编辑）

吴越争霸里的"说谎"

董洪波

提到吴越争霸，大家最熟悉的可能就是卧薪尝胆的故事，这是课本上学到的。大作家蒲松龄有一副著名的对联："有志者，事竟成，破釜沉舟，百二秦关终属楚；苦心人，天不负，卧薪尝胆，三千越甲可吞吴。"其中下联就提到"卧薪尝胆"。这个故事的确很动人。董铁柱先生《"谎"：〈吴越春秋〉里的忠与谋》这本书，关注的就是吴越争霸中的"说谎"议题。

为什么要用"说谎"的视角

首先读者可能会好奇，为什么这本书要用"说谎"的视角？其一，因为《吴越春秋》这本书的特点。作者指出，这本书长期被归类为稗史或者小说，被认为和《史记》《汉书》相比，有很多的"失实之处"。因此"谎"在

《吴越春秋》就有两层含义：一层是大量描述了吴越争霸过程中的各种谎言，一层是《吴越春秋》的叙述本身就被认为是在说谎。这里有必要介绍一下《吴越春秋》的作者和成书背景。

《吴越春秋》的作者赵晔大家可能并不熟悉，我们都知道陶渊明"不为五斗米折腰"的故事，其实在汉代学者身上也有很多励志故事。这位赵晔，字长君，会稽山阴人，年轻时曾经做过县吏，奉命迎接督邮。赵晔认为做这类仆役工作可耻，因此扔掉车马走了，转而走到犍为资中县（今四川内江资中县），拜大儒杜抚为师，学习《韩诗》，深入钻研。积二十年，与家里断绝往来，不回去，家里甚至为他办了丧事。而他在杜抚逝世后才返回。州中征召他增补为从事，他拒绝就任。后又被举荐为有道之人，恰好在家中去世。可见赵晔的生平很有传奇色彩，也折射出东汉人的拜师传统。赵晔学习的是韩诗，韩诗是汉代传授《诗经》的重要传统，与齐诗、鲁诗并称。因而他对《诗经》有很深的研究，著有《诗细》，据说东汉末年大学者蔡邕就很欣赏。《吴越春秋》是他的另一部作品。

关于吴越争霸的记载，此前记载比较集中的《左传》和《史记》，但是在详尽和连贯程度上不够。《吴越春秋》比起此前的著作，更为详尽地讲述了勾践战败称臣，十年生聚、十年教训，最终灭掉吴国，实现称霸壮举的整个过程。正是因为过于详尽，所以这本书会被贴上"稗史"的标签，认为里面许多都是赵晔虚构的内容。看上去，《吴越春秋》里的"说谎"行为无处不在，这是历史的真实表现，还是作者的刻意为之？作者想通过这种笔法传达什么？这就为采用"说谎"的视角来理解《吴越春秋》敞开了大门。

其二，作者采用这种新的视角来解读古籍是有底气的，因为一方面，作者的确对传统典籍较为熟悉，比如作者细致梳理了先秦家中"隐"的观念，包括我们最熟悉的"父为子隐，子为父隐，直在其中矣"。这里的"隐"就和"说谎"有一定的关系。孔子之外，作者还梳理了重要思想家，如孟子、荀子和孙子等对于"信"（谎的背面）的认识，比如孟子就讲："大人者，言不必信，行不必果，惟义所在。"孟子讲"言不必信"，是不是觉得"诚信"不重要呢？只能说，孟子以为，与道义相比，"信"与"果"是第二位的，亦即在极端的情况下，只要符合道义，哪怕不信和不果的行为也会得到肯定。

比如关于孟子，还有一个很有趣的小故事。

> 孟子将朝王，王使人来曰："寡人如就见者也，有寒疾，不可以风。朝，将视朝，不识可使寡人得见乎？"对曰："不幸而有疾，不能造朝。"明日，出吊于东郭氏。公孙丑曰："昔者辞以病，今日吊，或者不可乎？"曰："昔者疾，今日愈，如之何不吊？"

对于孟子的行为，我们可以理解为他觉得齐王不能做到礼贤下士，过去所谓"士为知己者死"，"士可杀不可辱"，对于"士"的礼数稍有差池，可能就会让"士"感到不受尊敬。所以孟子的高调表现是在捍卫自己作为士的尊严，他的这种做法其实就在维护他所强调的道义。所以说，赵晔的叙述方式是能在先秦经典中找到脉络的。

其三，作者不仅梳理了先秦的经典，还借鉴了西方人研究古典文本的思路。因为作者本身是在美国加州大学伯克利分校读的博士，受过系统的西方古典学的训练。正如他在后记中所说的，他在课上读了不少古希腊文化的书，发现西方学者对《荷马史诗》中《奥德赛》的主角奥德修斯用"说谎"而复仇成功做过深入的研究。卧薪尝胆同样是一个复仇成功的故事，由此触发了作者以"说谎"为视角研究吴越争霸的灵感。当然，作者系统梳理了西方人的一些理论性成果，比如博弈论等，使得这本书的论述有着很坚强的学理依据。

为什么"说谎"无处不在

作者在这本书里可以说建构了一个"说谎"视角的完整认识框架，比如区分主动说谎者与被动说谎者。主动说谎者，很好理解，就是为了达到一个特定的目的而自己说谎。比如不想上班，就说身体不舒服；不想见某个人，就说工作忙。而大家可以想象，春秋人物的"说谎"会为了什么呢？像勾践和伍子胥，肯定都是为了两个字——复仇。伍子胥尤其值得玩味，在复仇楚国，帮助吴王建立霸业后不再说谎的时候，反而失去了吴王的信任，这是很微妙的事情。

被动说谎，就是配合别人说谎。黑格尔似乎形容普通人在历史上的身不由己时，说他们就像是拿破仑铁骑下的小野花。巨人行走时，怎么会在意脚下小野花的生死？这种说法固然有点悲观，但在吴越争霸中，我们发现被动说谎的往往是些普通人，也就是配合大人物的人。并且，他们的命运的确身不由己，令人唏嘘。

在伍子胥仓皇从楚国逃到吴国的路上，生怕人认出身份，其中有一个渔父帮了他的忙，帮他渡河。渡过河以后，伍子胥为了表示感谢，把宝剑相送，但渔父拒绝了，并且表示知道伍子胥的身份，要贪财的话早就揭发了。这却让伍子胥放心不下，于是走着走着，回过头看看渔父。然而渔父已经把船沉到河里自尽了。

我们不妨推测，假如渔父不告诉伍子胥自己知道了他的真实身份，会不会伍子胥会更放心地离开，渔父就不用以死来证明自己？如此说来，是渔父自己给自己挖了坑？又或者如果从一开始伍子胥就对渔父抱有百分之百的信任态度，向渔父释放一种真诚的善意，那么渔父会不会由此安心，而不会沉船？

但事实上，从一开始，伍子胥应该就有怀疑之心。对于一个逃亡路上的人，心灵必然如惊弓之鸟，这也是人之常情。书里对于赵晔此段描述的意图进行了细致的剖析，认为赵晔的描述表露了他应该同意荀子和萨特的观点，承认猜疑他人是一种本能。但很有趣的一个问题在于，渔父为什么要用生命来换取伍子胥的安心？自己的生命就如此不重要吗？况且，假如他不自杀，伍子胥应该不会为了消除不安而杀掉恩人。

再举一个很有意思的例子，是因为不断说谎而导致心灵价值系统崩溃的悲剧性人物——要离。对于要离，可能大家不那么熟悉，《史记·刺客列传》也没有记载，但在后世的诗歌里却一直流传。比如大诗人陆游就很崇拜要离，屡次讴歌，"生拟入山随李广，死当穿冢近要离"（《月下醉题》），"生无鲍叔能知己，死有要离与卜邻"（《书叹》），死了竟然坟墓要靠着要离！

要离其实是一个大悲剧人物。公子光杀掉吴王僚，成为吴王阖闾之后，一直很担心吴王僚的儿子公子庆忌，担心他随时来报仇。于是伍子胥推荐了刺客要离。要离设计接近，取得公子庆忌的信任，做出很夸张的举动：不但让自己成为一个只有左手的残疾人，还让吴王把自己的妻儿在市面上焚烧抛弃，制造自己对于吴王阖闾的深仇大恨，取得庆忌的信任。然而就在庆忌挑选士兵准备和要离一起去吴国报仇的船上，要离趁其不备，杀死了庆忌。按理说，这时要离完成了王命，可以回去接受吴王的赏赐。可是在回去的船上，要离却忧虑重重地徘徊不前，说了一段有意思的话：

> 杀吾妻子，以事吾君，非仁也；为新君而杀故君之子，非义也。重其死，不贵无义。今吾贪生弃行，非义也。夫人有三恶以立于世，吾何面目以视天下之士？

从这段话可以看出要离内心的纠结，他为了尽忠，杀掉妻儿，毁坏自己的身体，是把"忠"作为最高的原则。然而他这么做了，已经不孝不仁。按照作者所说的，"忠"并不是其他道德价值的保护伞，要离也明白自己违背了仁义。但他既然接受王命，必须先完成王命，王命成了他暂时避免这一困境的挡箭牌。但是等他完成王命，原先的道德困境涌现出来，他的心灵价值系统崩溃了，妻儿也已经无法挽回。他无家可归，觉得只有自杀是遵从内心的选择。

"说谎"让普通人身不由己，乃至失去生命的例子还有，就是吴国隐士公孙圣的故事。他的故事证明了一个社会地位低下的普通人如果选择不配合"说谎"会面临怎样的后果。公孙圣隐居十年，一旦接受吴王的征召，妻子为他高兴不已。但是当面对吴王，为吴王解梦的时候，公孙圣并没有说谎，迎合吴王，而是直接指出吴王的梦是不祥之兆，预示着吴国将被越国所灭。此话当场触怒夫差，直接命人用铁锤把他打死。

假如公孙圣迎合圣意，肯定会得到很多的赏赐，但他选择了不说谎，于是结果惨烈。所以在当时的社会中，底层人物可能甚至没有说真话的自由。成为"被动说谎者"，是活命的唯一选择。这样的叙述，或许折射出赵晔的某种社会批判意识。

如何看待自欺

我们接下来谈的是"如何看待自欺"。自欺是一种特别的说谎，因为面向的是自己，也就是对自己说谎。在吴越争霸的舞台上，有各种各样的自欺者。我们这里举出一个例子来讨论，就是看著名的延陵季子是不是自欺型的人物。

关于季札，我们一般的印象是高风亮节，文采风流。高风亮节体现在拒绝继承吴国的王位，不贪恋权力。关于他有一个很有名的故事——季札挂剑。他在出使中原的路上，经过徐国，国君非常喜爱他的宝剑，但季札因为有外交使命需要用到佩剑，所以不能马上送给他，但在他心里做出许诺，等到回来路上就把宝剑送给徐君。但是回来路上徐君已经去世，他就把宝剑挂在墓边的树上。这被视为信守承诺的佳话。

就是这样一个君子，从小就被父亲看重，想把王位直接传给他，但是他拒绝了。于是父亲就把王位传给大儿子，但希望大儿子能最后传到季札这里。于是，大哥传给二哥，二哥传给三哥，并且据《左传》里的描述，三个哥哥都带有早点传位给弟弟季札的使命感，甚至在战场不惜性命，想求速死。

即便在这种情况下，在三哥去世之后，季札仍然不愿意继承王位。于是三哥的儿子就继承王位，成为吴王僚。但大哥的儿子公子光对此不满意，于是找刺客专诸刺杀了吴王僚，自己做了吴王，成为大家熟知的吴王阖闾。然后吴国就称霸了，在他的儿子夫差那里又遭遇灭国。这是季札事迹的基本情况。

后世很多人称赞季札的高风亮节，比如苏轼就在文章中写到：

> 季子知国之必亡，而终无一言于夫差，知言之无益也。夫子胥以阖庐霸，而夫差杀之如皂隶，岂独难于季子乎！乌乎悲夫！吾是以知夫差之不道，至于使季子不敢言也。苏子曰：延州来季子、张子房，皆不死者也。江左诸人好谈子房、季札之贤，有以也夫。此可与知者论，难与俗人言也。作《延州来季子赞》曰：泰伯之德，钟于先生。弃国如遗，委蜕而行。坐阅春秋，几五之二。古之真人，有化无死。

就是说，季子在春秋末世，世风日下，国家败亡命运不可逆转，于是选择独善其身，不贪恋权位。季札为什么不进谏，是因为他知道说了也没有用，要是硬说话，可能会像伍子胥那样被杀。只要想想武王伐纣里面，商纣王叔叔比干的下场就明白了。所以苏东坡笔下的季札是一个明哲保身的智者形象。

但是我们也可以反问一句，当时季札为什么不即位？因为不仅父亲一心想把王位传给他，据记载，吴国民众也是"固请之"，但他确实很坚持地拒绝了。后来公子王刺杀吴王僚，这样血腥的政变，他似乎也是默许的态度。并且，此政变的发生，不能说和他没有关系。因为如果大哥没有想把王位传给季札，那么王位应该顺理成章传给儿子公子光，公子光也不用冒着谋反的危险弑君。所以处在季札的位置，拒绝王位，必然会带来一系列的后果，并且撇不清关系，也就必然要持续接受后世的质疑。季札的问题在于，即便他把遵循先王之制作为自己拒绝继承王位的理由，从而违背父命和民心，但是在后面看到吴国政坛上的乱象，是不是应该做出点什么？如果的确说他蜕化到谁被立为吴王就遵从谁，失去是非的立场，从而眼睁睁看着吴国这艘大船沉没，而显得自己毫无责任。本书作者称其为"平庸之恶"，也似乎不算是过分的说法。

这里介绍一下"平庸之恶"的概念。这是 20 世纪著名女哲学家、海德格尔的学生阿伦特提出来的概念，是针对在纳粹德国，有一批人服从希特勒的命令，看上去只是服从命令，并不是主动作恶，或是具有恶的心肠，但他们的所作所为的确也是助纣为虐，因此被称为"平庸之恶"。但在季札这里，似乎按理说要承担更多的责任，因为他并不是普通人，而是高高在上的贤者，并且一度有成为吴国国君的机会。所以被后人讥讽也不是没有理由的。站在季札的角度，可能为了保持自己的节操，不愿染手政治；但的确，站在他的位置上，无所作为是不太应该的。后人称其为"自私"，似乎也很难辩解。历史就是这样很难做出评判。

（原载 2024 年 11 月 27 日《文汇报》，作者系中华书局上海聚珍文化传媒有限公司编辑）

杀戮与救赎：从陈桂林回到真实的周处

彭玉珊

电影《周处除三害》上映半月，热度未减。陈桂林贡献的若干名场面，让观者瞳孔巨震的同时，不得不在心中呼一声："痛快！"

痛快，当然首先来自镜头语言的视觉冲击；更深层的，则来自旁观陈桂林身体力行，拨开心中迷瘴，终于觅得自我存在价值的全过程；以及，欣见其迎来"朝闻夕死"的释然结局。

"朝闻夕死"四字，正是《世说新语·自新》里，名士给浪子的一记当头棒喝。

故事回到古人周处。"朝闻夕死"，也恰是解开周处行为逻辑的钥匙。

《世说新语》的周处：幡然自新莽少年

《世说新语》如是说：周处年少时，因为"凶强侠气"而为乡人所患，与当地另外两种祸害——水中蛟、山中虎，并称"三横"。其中，周处"尤剧"。

按照常理，蛟虎之类凶兽，一旦为害，绝不仅是造成物质或精神损失这么简单，极有可能已经伤人杀人；周处既然贵为"榜一"，更应背负人命，才当得起"尤剧"这个评价。那么，疑点来了：若背负人命，为何有司没有动作？难道是因为，周处出身不错，其父周鲂为鄱阳太守？但周鲂在周处成人之前就已去世，余泽必不及此。周处事母极孝，如果身负重罪，该怎样面对母亲？

再看"凶强侠气"四字，怎么都带着些正面意味。果然，接下来，乡人先出手了：有人鼓动周处说，你不是厉害吗？去，把老虎和蛟龙杀了——其实乡人内心盘算，希望三者互斗到仅剩下一个。没想到，周处竟热血上头，先杀虎，后斩蛟，几乎把命断送掉。论迹论心，这都是侠士。

接下来的一幕更加耐人寻味：侠士九死一生，回到岸上，映入眼帘的是一场狂欢——乡人一刻也没有为他的"牺牲"哀悼，而是欢庆三害并除。

面面相觑，尴尬如此。

照理说，周处这样一个被贴上混乱邪恶标签之人，此时恼羞成怒甚至大开杀戒，也是符合性格逻辑的吧？恰恰相反，他做出了中立善良阵营都做不到的反应：如梦方醒，决意自新，立访名士，获得赠言："古人贵朝闻夕死，况君前途尚可。且人患志之不立，亦何忧令名不彰邪！"周处受到鼓舞，振作起来，终于成就一番事业。

浪子回头，谈何容易。听一句挑唆，观一场庆典，外力一推，就能够办到？综合以上线索看来，"朝闻夕死"四字，其实在陆云点破之前，就存在于周处心中了——《世说新语》的很多故事，都需要透过字面去琢磨内里。

《晋书》的周处：心中早有善念

循着《世说新语》，找到《晋书》，就更加明显了——周处内心，早存着向善的种子。

《晋书·周处传》采纳了《世说新语》的故事大概，却添加了一个关键细节，直接让周处的动机发生了质变：

周处在除二害之前，已自知为人所恶，"慨然有改励之志"，于是主动问乡中父老：时节这么好，怎么大家不太高兴？父老如实以告：你，连同南山虎、长桥蛟，三害未除，有什么可乐？周处大拍胸脯：我能除了此患。父老直白表示：那太好了。

这几句对话，直接把周处的除害动机由被动变为主动，人物的性格组成中，来自《世说》的懵懂大减，来自《晋书》的自省大增。换言之，到了《晋书》，周处早早地发现了心中向善的端倪。

"朝闻夕死",心中既已发端,除虎斩蛟,不过是付诸行动而已。

只是,周处除害回来,眼见乡里庆贺,仍然感到了冲击:"始知人患己之甚。"

自我认知和外界评价总是有错位的,即使你觉得自己以前只是小坏,现在已经改了,已经立了功了,已经拼了命了,但是别人对你的刻板印象,一时半会还扭不过来。人情社会,向来如此。

接着,《晋书》补完了浪子改过之后的情节:周处仕吴,没过多久,吴就被晋灭了。在吴降后的一次宴会上,周处展现了他性格中一贯的刚烈,把晋军主帅王浑掳得面有惭色;再后来,周处仕晋,事功卓著。

故事若完结在这里,就是皆大欢喜,可惜,并没有结束:元康年间,齐万年反叛,周处参与平叛,归夏侯骏指挥。但是,周处与夏侯骏关系极差,这种安排对他显为不利。友人极力劝阻,敌方大为惋惜,都希望他不要参战。但周处怀着"朝闻夕死"的初心,慨然前去,最终在孤立无援的情形下阵亡。

周处死后,获谥号为"孝",潘岳、阎瓒留诗称赞。至此,昔日浪子完成了彻底的自我救赎。

《资治通鉴》及以后:周处日益高大

《晋书》之后400年,司马光在修《资治通鉴》时,对周处事迹做了新的处理：删去了周处见乡人庆贺而深受震动的细节。也就是说，周处在起心动念杀虎斩蛟之后，马上"从机、云受学，笃志读书，砥节砺行"，很快就获得"州府交辟"的正面反馈——进一步弱化了"恶"的描写，而凸显了"自新"之快、之卓有成效。

从《世说新语》到《晋书》，再到《资治通鉴》，周处除三害的故事，发源于未可尽信的小说家言，经过房玄龄、司马光们之手，将相对不那么光鲜的部分渐渐淡化，而让人物的正面形象日益伟岸，最终，周处升格成为代表"自新"美德的文化符号——这一过程，正可与顾颉刚先生古史"层累说"相参看。

一个值得关注的提炼，出自宋末元初画家郑思肖的题画诗《周处除三害图》："一朝周处奋英豪，三害皆除岂惮劳。若是不能降自己，纵屠龙虎不为高。"

除三害，实则是除二害，剩下的一害，最必要也最困难："降自己"，除去过去的自己。内心之害不除，光是杀掉外在之敌，并不济事。

而对这一转变的更精准描述，还需要等到一个人：

王阳明。

破山中贼易，破心中贼难。

破南山虎、长桥蛟易，破蒙昧心、旧性情难。

更难之处在哪？是不知心中有贼，便无从破起。

内心良知未灭，才能受外力激发，回心转意，应时借势，得见光明。

影片的最后，曾在虚无感中苦苦挣扎的"榜三"陈桂林，通过自己的主动施为，于弹雨血雾之后，换得风息林平。

而片名原型，"榜一"周处，一力张大良知善念，尽忠尽孝，至死不悔。他于最后时刻的慷慨陈词，同样为生命画上了完满的句号：

我为大臣，以身殉国，不亦可乎！

（原载 2024 年 3 月 19 日"当当读书汇"微信公众号，作者系中华书局经典普及出版中心编辑）

幸福的童年是如何治愈一个人的一生的

胡香玉

有一句流行的话：幸福的人用童年治愈一生，不幸的人用一生治愈童年。

这句话也可以用到我们的偶像苏东坡身上，他无疑是用童年治愈一生的人。

苏东坡一生遭遇的无数坎坷，我们都是大概了解的。

我们之所以喜欢苏东坡，是他的随遇而安，是他的乐观和随时从头再来的勇气，是他虽饱受人生之苦，却又能及时发现生活的乐趣。

而我们大多数人迟早会有类似的人生体验，所以我们在共情他的那些坎坷，感受着他的三观所传达的不一样的生活态度时，就会由衷赞叹他伟大而丰富的心灵，并从中获得对自己人生的力量和启示。

不知你有没有想过，苏东坡为什么会有那么大的生命能量和人格魅力呢？

除了天赋和自身的努力，母亲对童年苏东坡的接纳理解，与他深刻的情感链接，恐怕都可以解释这一切。

一个被充分滋养过的童年，一个被爱养大的孩子，一切都是不一样的。

我们比较熟悉的，是母亲程夫人给苏轼讲《后汉书·范滂传》的故事。苏轼说也想做范滂那样清廉正直、舍身取义的人。他的母亲马上说："如果你能做范滂，难道我就不能做范滂的母亲么？"我们大多数人，可能会侧重说这是母亲对孩子的品格教育。这当然没什么问题，但其实更了不起的，是一位母亲对孩子的接纳态度，是一位母亲对孩子的理解、尊重和认可。一个孩子无论为了什么而选择牺牲生命，在母亲那里，肯定都是毁灭般的打击，但她没有把这种焦虑传递给孩子，而是鼓励、肯定了孩子的志向，并表达了对孩子的支持，表示自己绝不会成为孩子的包袱。

这样的境界，的确不是普通的心胸所能做到的。所以，我们都说程夫人见识非凡，深明大义。其实，这更是做母亲的智慧。

由于史实所限，我们无法知道更多的细节，但由此足以可见一位母亲对孩子的无分别的爱。

程夫人对苏轼的影响，还有很多方面。

程夫人心地善良，有着菩萨般的心肠。苏东坡小时候，在院子里就可以很幸运地亲密接触很多鸟儿，因为程夫人不允许任何人伤害鸟儿，所以时间一久，那些鸟儿都愿意跑到他们家院里玩耍定居捕食。有些鸟巢，把树枝都压弯了，巢里孵的小鸟，低下头就可以看得到。

身教胜于言教，母亲这种对万事万物的慈悲之情，深刻地影响着苏东坡的三观。他后来写过很多给动物的诗词，有一句特别令人感动的是"爱鼠常留饭，怜蛾不点灯"，这种在细节处对动物的怜悯，让人有一种"心有猛虎，细嗅玫瑰"的悲悯与柔软。

程夫人还有着美玉一样温润而坚定的可贵品质。《记先夫人不发宿藏》里，记载了母亲程夫人不发掘地下藏物的故事，这种不取非己之财的自律，十分难得。多年后，苏东坡在凤翔任官，遇上了同样的事，天下大雪，有一块地居然不积雪，苏轼怀疑是古人藏丹药处，想要挖掘。夫人王弗提醒到："使先姑在，必不发也。"如果母亲还在，她肯定不会挖的。这句话宛如当头一棒，让苏轼一下就打消了这个想法。可见母亲在苏轼心中是何等分量。也可知这种"不求身外之物，不取非己之财"的良好家风对一个家族的影响之大。

母亲给予苏东坡的，是润物无声的能量，是于无声处听惊雷的勇气。这种能量和勇气，如磐石一般融进他的基因里，陪伴他走过人生的高峰和低谷。

所以我们在读《苏东坡全集》时，会时时赞叹东坡君的种种言行，会为他在逆境中依然乐观前行的勇气深深折服，会为他不屈不折的生命热情而感动。

他可以在"乌台诗案"的监狱里呼呼大睡，让皇帝派去的探子都觉得这人一定心中坦荡，没有做什么亏心事。

他可以在冒雨走路淋得似落汤鸡时，还能感悟到："谁怕？一蓑烟雨任平生。"这种平衡的心理、坦然的态度，唯有超脱物外、忘记得失的人，才能真正拥有。

"人间何处不巉岩？"苏东坡对于人间苦难是亲历亲闻并且感同身受的。世事纷扰，谁的人生里不曾有过萧瑟的过往呢？而能在阴沟里依然仰望星空的人，一定是内心充溢着丰盈的爱的人，所以他才能"回首向来萧瑟处，也无风雨也无晴"吧。"不管风吹浪打，胜似闲庭信步。"毛主席的这句词，其实挺适合苏东坡的。

他可以在遇到问题时不纠结不内耗，所以才能生出一些奇思妙想，也令人茅塞顿开。比如在《记游松风亭》一文中，苏东坡去松风亭游玩，走着走着"足力疲乏"，又想着到了亭子下面再休息，可是看看亭子还在树林深处，忽然想：此间有甚么歇不得处？这一顿悟真的如当头棒喝，苏东坡说因此"如挂钩之鱼，忽得解脱"。并且一下子联想到大场面："若人悟此，虽兵阵相接，鼓声如雷霆，进则死敌，退则死法，当恁么时也不妨熟歇。"这么一联想，人生的境界顿时又开阔多了。

这种可以随时躺平又可以随时起身的灵活，能屈能伸的意志，激励了无数的后人。这一切都源于他的内心有充足的爱的能量，所以他可以身体像浮萍一样飘泊，而内心像大山一样稳定，可以随时扎根，心安之处就是故乡。

除了童年，苏东坡在后来被贬的日子，大都过着贫寒的生活，经常因为没有钱财而捉襟见肘，甚至在最后辛苦不堪的北归途中，还想方设法筹钱来安置随行的家属。但在他的诗词文章里，我们似乎又感受不到他物质方面的愁苦，他从庄子哲学中体会出生命的最高价值，在于精神的独立与自由。他认为精神大于一切，而他自己也成了无数后来人的精神财富。

幸福的人用童年治愈一生。母亲对苏东坡的理解接纳肯定，在他颠沛流离的一生中，是定海神针一样的精神支柱，是他的生命底色，是他各种关系的基础，是支撑他度过漫长贬谪之路的心中长明之灯。

所以，尽管他一生都在蹒跚前行，整个人却在谈笑之间把自己活成了一束光的状态。

（原载 2024 年第 6 期《月读》，作者系中华书局经典普及出版中心编辑）

传统评书作品中的英雄形象塑造及其审美特征

梁　彦

清末民初小说批评家管达如说："英雄、儿女、鬼神，为中国小说三大要素，凡作小说者，其思想大抵不能外乎此。"评书亦如是，墨侠儒道互补是传统评书作品题中应有之义。评书在题材、内容方面主要受益于墨侠文化，表现"书胆"（主人公）的血性气质——仗义勇敢、刚直豪迈。同时，儒家的忠孝节义、仁政礼教，道家的清心寡欲、浑然忘我，都在评书中有所彰显。于是，历代评书艺人以讲史和讲历史人物的英雄传奇构筑起一套以虚构叙事为主且被浪漫化的中国历史，通过描摹各种英雄人物的典型性格构筑成色彩斑斓的人物画廊，并至今为人们津津乐道。

评书源于宋代的说话。《都城纪胜·瓦舍众伎》称："凡傀儡，敷演烟粉灵怪故事、铁骑公案之类。"其中"烟粉灵怪"重文，"铁骑公案"近武。而"铁骑公案"中，铁骑指士马金鼓之事，公案指朴刀杆棒及发迹变泰之事。也就是说，同为动武，有"士马金鼓"和"朴刀杆棒"之别，且区分颇为精彩。从动武的目的看，前者夺关夺旗，为解国家之危难；后者锄强扶弱，为平人间之不平。从动武的效果看，前者出将入相，本身即代表道统；后者隐迹草莽，至多作为道统的补充。从动武的方式看，前者带兵打仗，运筹帷幄，注重阵法、马战，用长兵器打大仗；后者仗剑行侠，浪迹天涯，擅长单打、步战，使短兵器打巧仗。因此，壮士、豪杰、好汉、侠义之类的称谓，或可为英雄共有。

"士马金鼓"，对应的是评书中的长枪袍带书。长枪袍带书中的忠臣良将，或许和人们心目中的英雄形象最为接近。长枪袍带书多为讲史演义类型的书，以刀枪兵刃和袍带甲胄作为身份标志，内容或是除奸平叛杀伐征战，或是抗击外侵保家卫国，或是推翻昏君尽忠报国。比如《三国》中的关羽、《精忠》中的岳飞——评书中有"一个半武圣人"的说法，一个就是关羽，半个就是岳飞。

众所周知，封建社会树立了文武两圣人（即孔子和关羽），在各地普遍建立文庙和武庙（即夫子庙和关帝庙）。从规模看，文庙胜过武庙；从数量看，武庙又胜过文庙，因为关羽既是武圣人，又是武财神，形象深入人心，并成为民族精神的象征。从外表上说，仪容威严庄重，评书

"开脸儿"说其"身高九尺五，面如重枣，目若朗星，卧蚕眉，丹凤眼，胸前飘洒五绺长髯"，不但帅，而且意气风发、威势逼人；从性格上说，曹操的谋士程昱赞其"傲上而不忍下，欺强而不凌弱；恩怨分明，信义素著"；从品格上说，义字当先，忠心扶主，洁身自好，不近女色；从战绩上说，温酒斩华雄、三英战吕布、斩颜良、诛文丑、过五关斩六将、古城会斩蔡阳、战长沙关黄对刀、单刀赴会、水淹七军，任意择出一段都是脍炙人口。尽管最后大意失荆州、走麦城身死，但关羽的形象依旧无可挑剔，人们这才会把关公像挂在家里烧香供奉，久而久之就成为心灵寄托，不是神灵胜似神灵。

如果说关羽占个"义"字，那么与之相媲美的岳飞则占个"忠"字。岳飞是不是民族英雄，争议由来已久，但与本文无关，在此不作赘述。但岳飞是英雄，毫无疑义，至于是不是愚忠的英雄，亦有争论。笔者曾在宣南书馆说演整部《精忠》，在评价岳飞时借鉴了邓广铭先生的观点，即岳飞在一天内接到 12 道金牌令其班师回朝，曾及时上奏状，请赵构"令诸路之兵火速并进"，恢复中原，赵构非但不准奏，反而听任各路部队依据"宜且班师"的密旨全部撤回淮南，使岳飞突然陷入孤立无援的境地。岳飞在班师和丧师之间加以抉择，迫不得已，只好长叹"十年之功，毁于一旦"，而忍痛遵命班师。这分明是识时务者为俊杰，怎能说是愚忠呢？

"朴刀杆棒"，对应的是评书中的短打公案书。短打公案书中的侠义人物，或锄强扶弱、惩恶扬善，或公正断案、济世救人，或平山灭寨、捕盗缉凶，皆可称为英雄。有的啸聚山林，做绿林豪侠，又可接受招安，与清官为伍，擒贼捉寇；有的看似不拘礼法，任性而为，实则又无悖于礼教；有的既有天下人管天下事的积极入世精神，又常常显出仙风道骨，大有归隐出世的超脱意味。比如评书《包公案》和《三侠五义》中涉及到的英雄人物，包公、白玉堂和欧阳春。

　　问竹主人为《三侠五义》作序，盛赞其"使读者有拍案称快之乐，无废书长叹之时"。之所以能做到这一点，一是"极赞忠烈之臣，侠义之事"，二是"叙事叙人，皆能刻画尽致"。

　　所谓"忠烈之臣"就是包公，包公是铁面无私、刚直不阿、廉洁清正、为国为民的清官，虽不通武艺，却做出诸多"侠义之事"，所以名正言顺地成为英雄。评书中包公最精彩的桥段自然是"陈州放粮"和"夜审郭槐"。面对无论是克扣粮款、强占民女、无恶不作的太师之子庞昱，还是道貌岸然、为虎作伥、阴险毒辣的总管太监郭槐，包公既没有因为庞吉是当朝太师而畏葸不前，亦没有因为与郭槐私交甚笃而因私废公，对庞昱是设计擒拿，问明罪状，开铡问斩；对郭槐则是抽丝剥茧，缜密审判，绳之以法。这是真正的英雄所为。

至于"叙事叙人，皆能刻画尽致"，白玉堂和欧阳春其人其事可为代表。唐人李德裕《豪侠论》云："夫侠者，盖非常人也，虽以然诺许人，必以节义为本。义非侠不立，侠非义不成，难兼之矣。"侠义并提，且强调两者互相依存，不可或缺。评书中借欧阳春之口说："凡你我侠义作事，不要声张，总要机密，能够隐讳，宁可不露本来面目，只要剪恶除强、扶危济困就是了。"义无侠不立，侠无义不成，于此体现得淋漓尽致。

　　在众侠义中，形象塑造最为成功的就是"锦毛鼠"白玉堂。大闹苗家集，表现其见义勇为；三吃鱼巧试颜查散，表现其洒脱诙谐；闹皇宫、入府衙，表现其好胜冒险；陷空岛困"御猫"，表现其负气争强。至于"五鼠闹东京"，以白玉堂为中心，情节扑朔迷离、腾挪变化，其人亦是神龙见首不见尾，倏忽而来，飘然而去，虽正面着墨不多，却让人感到无处不在，英风飒爽、侠气逼人、豪放不羁、年少气盛、骄傲善妒、狠毒刻薄的复杂性格跃然面前。因为他过于抢赢好胜，所以做出种种惊人举动，既占尽风流，亦栽过跟头，最后命丧冲霄楼铜网阵，令人扼腕叹息。但正因为白玉堂性格复杂且优劣并存，重心突出又平易真实，这才刻画出一个有血有肉的英雄"锦毛鼠"形象。

　　如果说白玉堂是从桀骜不驯的草莽英雄变成忠义两全的庙堂英雄，那么"北侠紫髯伯"欧阳春则始终坚守独立人格和江湖身份，保持着游侠英雄的神韵风采。欧阳春居无定所，漫游四方，行侠仗义，除暴安良，但他事成飘然去，孑然独行游，始终不愿接受官职任人差遣，始终不愿丧失独立自主的游侠英雄个性。评书中不止一次地将他和其他侠客对比，比如和丁兆兰、白玉堂对比，衬托出其智勇更高一筹以及心地宽厚、设身处地为他人着想却又"不矜其能，羞伐其德"的古道侠心与长者风范。

介于长枪袍带书和短打公案书之间，有一部评书比较特殊——《水浒》。之所以说《水浒》特殊，是因为其既有袍带书的内容，亦有短打书的情节。《水浒》中既有刀光剑影的厮杀，亦有仗义疏财的善举；既有铤而走险的反抗，亦有忍无可忍的复仇；既有杀富济贫的好汉，亦有嫉恶如仇的义士；既有怀才不遇的豪杰，亦有见义勇为的侠士。因此，《水浒》为我们呈现出一幅英雄群像。水浒英雄可分为两类，一类是个人英雄，一类是集体英雄。被老舍先生誉为"通俗史诗"的扬州评话王派《水浒》"武十回"，就是以武松为主线，将其个人英雄行为故事串联起来，整体作为长篇书目，每回亦可独立成篇，有"虎起龙收"（由武松打虎起，到啸聚二龙山止）之说。笔者认为，个人英雄行为可用六字概括，"报冤仇，平不平"；集体英雄行为亦可用六字概括，"除奸邪，立功名"。

以个人英雄为例。比如武松斗杀西门庆、醉打蒋门神、大闹飞云浦、血溅鸳鸯楼，无一不具复仇雪恨的特征，情节跌宕起伏，场面惊心动魄，端的是"刀下每将奸佞除，一怀大义闯江湖"。而于血泊恨海中站立起来的林冲，更是在隐忍退让、委曲求全均告失败，终被赶尽杀绝时奋起反击，展开狂飙骤雨般的复仇雪恨，于是有了风雪山神庙、火并"白衣秀士"王伦，端的是"马蹄到处天关破，霜刃磨来杀仇人"。"杀人须见血，救人须救彻"的鲁智深则是主动出击，且不考虑个人安危，拳打镇关西、大闹野猪林、夜战桃花村、火烧瓦罐寺，所作所为就是除暴安良，端的是"吾徒不是空门客，要削人间事不平"。李逵更是嫉恶如仇，犹如一团烈火，闹江州、劫法场、杀李鬼、打死殷天锡、斧砍杏黄旗，面对坏人坏事，拼个你死我活，端的是"侠肝义胆真李逵，愤嗔人间不平事"。

当然，复仇雪恨者有除暴安良的因素，除暴安良者亦有复仇雪恨的动力，只是侧重点不同而已。复仇雪恨者的反抗还击多是被动的，事到临头，不得不为；除暴安良者的行侠尚义却是主动的，见有不平，义无反顾。

《水浒》的英雄形象塑造尤为注重"奇"与"正"的统一。说林冲，其武艺高强、杀法骁勇只是一方面，还有血气方刚、侠肝义胆，同时另一方面表现儿女情长、英雄气短，以及逆来顺受、心存幻想，性格层次极为复杂且转变又合情入理，一旦转变，冲天一怒，横扫千军如卷席。说鲁智深，既有直率豁达、古道热肠的侠士风范，亦有粗鲁暴躁、贪酒使气的常人性格，使英雄形象真实可爱又富传奇色彩。说武松，以虎之凶猛衬托武松之神勇，然武松亦秉常人性格，亦有见虎色变的恐惧心理和紧张神态，从乍见猛虎的惊慌，到初次打虎的失手，再到打死虎后的疲乏，使这段徒手搏虎的描写，于奇峰陡起中现出浪漫神奇，在平凡细节里透出真实可信。

比如"林冲棒打洪教头"一节，妙处主要不在双方的打斗技巧，而在使棒人的心态。用金圣叹的话说，就是"写得棒是活棒，武师是活武师，妙绝之笔"。说这段书时必须把武打场面的描写和人物性格的显现结合起来，武书文说（武中见文），武书说人（武中见人）。这样的例子在《水浒》中并不罕见，如"鲁提辖拳打镇关西""武松醉打蒋门神"，莫不如此。亦无一例外，上述人物皆是英雄。

《三侠五义》和《水浒》之后的清代民国短打公案书，如《施公案》《彭公案》《于公案》，乃至《三侠剑》《雍正剑侠图》，多是英雄投靠清官、徒供驱遣，很多人对此颇有微词，指斥为对"水浒精神"的背叛。不过在笔者看来，"英雄投靠清官"这一情节模式在《水浒》中已然埋下种子，到清代民国短打公案书不过自然而然开花结果。宋江之"替天行道，为主全忠仗义"，历来饱受抨击，可三阮不亦曾高唱"酷吏赃官都杀尽，忠心报答赵官家"？英雄未出山时尽可行侠，"不平聊雪胸中事"，"微驱拼为他人死"，可这并非英雄的志愿。《隋唐》中秦琼弹铜作歌："旅舍荒凉雨又风，苍天着意困英雄。欲知未了平生事，尽在一声长叹中。"何为"平生事"？无非建功立业出将入相，而这并不全靠自身本领，还得有机遇垂青眷顾和明主赏识提携。这就难怪英雄必须大讲"忠义"，而一旦投靠明主，顿失冲天豪气，变得唯诺小心。自胜英、黄三太（《三侠剑》）至黄天霸（《施公案》）、童林（《雍正剑侠图》），尽皆如此。尤其是黄天霸镖伤二友，开始亦曾负疚伤心，可自觉"为施公难以顾义，不免从今江湖落骂之名"。与江湖朋友如此"断义绝交"，与其说为忠孝节义，不如说为个人前程——比起后世武侠小说中那些明明利欲熏心却偏要装作谦谦君子的"岳不群"们来，清代民国短打公案书中的各式英雄倒也率直可爱。

英雄形象是中华民族理想人格的美好象征，英雄精神是中华民族高尚情操的自然流露。"说书唱戏劝人方"，评书中惩恶扬善、揭丑显美的英雄所表现出的对公平和正义的执着追求，对恶势力永不屈服的斗争精神，以及重信诺、讲信义、尚气节、展情操的个人品格，必将为世世代代继承和传扬。

山因脊而雄，屋因梁而固。大千世界，风云变幻，然而英雄始终是时代的精神坐标，始终是社会的价值引领。今天的英雄如是，往昔的英雄亦如是。作为一名评书演员，在以史为鉴、高台教化讲好中华优秀传统文化故事的同时，更要让英雄的力量薪火相传，让时代的精神照亮征程。

（原载 2024 年第 10 期《曲艺》，有删节，作者系中华书局党群工作部员工）

从人物形象和语言运用的角度阐述评书传统书目《三国演义》

梁　彦

在传统曲艺题材中,"三国段"的分量之重、数量之巨,恐无出其右者。尤其是评书《三国演义》(以下简称《三国》)源远流长、深入人心,堪称袍带类评书的扛鼎之作。然而《三国》同其他古典演义小说不同,它描写的是两千年前诸侯割据、群雄纷争的故事,反映了近一个世纪的历史沿革,人物成百上千、战役层出不穷,允文允武、斗智斗勇,头绪纷繁、气势宏大;加之作为"四大名著"之一,家喻户晓、脍炙人口,如何与时俱进说出新意,难度可想而知。笔者曾在北京评书宣南书馆现场说过《三国》,并担任连阔如、连丽如两版评书《三国》话本的责任编辑,下面便试从人物形象和语言运用的角度阐述心得体会。

一、人物形象

刻画生动传神的人物，是评书重要的艺术特征之一。一种手段是在人物出场时，通过先声夺人的"开脸儿"（外貌描写），给观众留下深刻印象。比如典韦的"开脸儿"，生动细致，形象如在目前：

> 看将军，八面威，人又大，马又肥。腰圆膀阔三山配，身高丈二晃巍巍。铜铃怪眼一字眉，翻天鼻孔獠牙嘴，一部红髯颔下垂。红耳毫，尖似锥，红发根根背后披。头上戴，錾金盔，焦黄抹额金丝垒。黄绒球，绕四围，雉鸡翎，白狐尾，五杆黄旗背后背。紫火焰，金铃坠，上绣金狮把云吹。黄金甲，连线缀；金牛犀带花纹碎，护心宝镜明秋水。杏黄袍，绣红葵；鱼褐尾，苫两腿，大红中衣露微微。虎头靴，黄云绘；坐下马，虎皮被，四蹄蹬翻土雨飞。手中拿，戟一对，八十斤，力不费；大红缨，嵌草穗，峨嵋尖，戟枝锐。抛戟能将敌命追，当年大战濮阳内。黄幡乍下天堂路，黄魔离去蜀江湄。有人若问名和姓，五路救应是典韦。

一种手段是介绍人物时因势利导，从而生趣，凭借会心幽默加深观众对人物的理解，这也是演员淡出淡入表演技巧的体现。比如周瑜出场时，可以这样介绍：

周瑜不但文武全才，风流倜傥，而且精通音乐，是个大音乐家。这在《三国志》上有记载："曲有误，周郎顾。"如果现在举行歌手比赛，周瑜在这儿当评委，他闭着眼睛听，这歌手有个小音符、音节唱错了，他立刻能听出来。一抬头，把眼睛睁开，他得瞧这歌手一眼。

另一种手段是通过语言见人物、见思想。比如原来说书对于张辽一带而过，但现在必须说清楚，因为观众喜欢张辽。在"斩颜良"中，关羽来到白马坡，向曹操请战："我要与颜良一战。"这时旁边张辽说了一句："军无戏言。"原来从不说这句话，但现在一定要突出这句话，因为张辽有他的目的。关羽是他介绍来的，他让曹操收降关羽，当然他希望关羽立功。但有朝一日刘备出现，他是愿意关羽走，还是不愿意关羽走？张辽的心情很矛盾。短短一句话，人物性格清晰呈现。

二、语言运用

老舍在《说好新书》中曾谈到："评书演员似乎可分为两类：一类是真给书听，一件事紧接一件事，不多费力气去详述细节，或旁征博引。这是尽职的演员。可是我所见过的第一流名手，都是第二类的——把书中每一细节都描绘得极其细腻生动，而且喜欢旁征博引。"所谓"细腻生动"、"旁征博引",都离不开鲜明而精彩的语言运用,这也是评书的风骨和气质所在。

评书说演细腻,不是为细腻而细腻,而是有艺术表达方面的作用,即蕴含形象性、蕴含知识性、蕴含合理性。

1. 蕴含形象性。比如"辕门射戟"对于拉弓射箭的描写:

> 咱们中国射箭跟外国射箭用的功力不一样,中国射箭八个字:撑、拔、拐、抹、托、捋、刁、合。九斤十二两为一个劲儿,十三把半这张弓算是拉开。拉弓的人都得背着手往这儿一站,拔脯子调脸儿,练这个站功。站功练好了,吊膀子。膀子吊好了,才能拉硬弓。……左手攥着弓背儿,右手攥着弓弦儿,举过脑门儿,往下落。弓一撑,前把推,后把一拉,前把托住,后把捋住,一拔脯子,拐胳膊肘儿,一调脸儿。吕布左手攥弓背儿,右手箭认扣,左手手指头还要掐着箭杆儿,箭杆儿这儿叫扣门儿。箭杆儿翎毛尾巴这儿有一道深沟儿,还把弓弦搁在里头,这就叫填弦。

2. 蕴含知识性。比如"借东风"对于七星坛的"摆切末儿"(环境描写):

> 这座七星坛一共三层,每层高三尺,方圆一共

二十四丈，在下面一层插二十八宿旗。东方是七面青旗，按东方七宿，角、亢、氐、房、心、尾、箕，总名叫苍龙，布出苍龙之形；北方是七面皂旗，按北方七宿，斗、牛、女、虚、危、室、壁，总名叫玄武，有的说是龟，有的说是蛇，还有一种说法是龟蛇合体，是北方的神，所以布出玄武之势；西方是七面白旗，按西方七宿，奎、娄、胃、昴、毕、觜、参，总名叫白虎，布成白虎之相；南方是七面红旗，按南方七宿，井、鬼、柳、星、张、翼、轸，布成朱雀之状。第二层周围黄旗六十四面，按八八六十四卦，分八位而立。上边一层用的是四个人，这四个人头戴束发冠，身穿皂罗袍，凤衣博带，朱履方裾。前方左边这个人，手里拿着长竿，长竿的尖上用鸡羽为葆，就是扎上鸡毛，以观察风的动静；后方左边立着一个人，捧着宝剑；前方右边立着一个人，手里也挑着长竿，竿上系着一条七星号带，以表示风的方向和强弱；后方右边站的人手里捧着香炉。七星坛下还有二十四个兵士，各持旌旗、宝盖、大戟、长戈、黄钺、白旄、朱幡、皂纛，在四周环绕。

3. 蕴含合理性。理，指人物性格的逻辑性和情节的可信性，所谓"顺理成章"。比如对诸葛亮的塑造，鲁迅说："至于写人，亦颇有失，以致欲显刘备之长厚而似伪，状诸葛之多智而近妖。"而评书设身处地、揆情度理，扬小说之长、藏原作之拙，为这场赤壁大战中运筹帷幄的实际主帅恢复了"人"的光彩。比如"草船借箭"：

> 诸葛亮事先早就算好了，一支箭估计有多大分量，船两边幔帐都是草束，一条船一面受箭受多少支时杯中的酒倾斜到什么程度。如果一条船一边受箭，得了七八千支，你拔下来后得有折的、坏的，剩下的好箭五六千支，所以二十一条船才能得上六七万支箭。调过头来，两面都射匀了，船也能摆平了，十万支雕翎箭绝不会少一根。

"顺理成章"固然重要，对于评书而言，"奇峰陡起"更值得玩味。李渔在《曲话》中说："古人呼剧本为传奇，因其事甚奇特，未经人见而传之，是以得名，可见非奇不传。""非奇不传"，一语中的。而评书中常说的"无巧不成书"用作此解释，再恰当不过。所谓巧，即以巧缀书、以巧成书，顿使气象万千，一事奇，进而事事皆奇；同时，说书以理为先，凡事讲求入情入理而不避离奇，书情既在于情理之中，又出乎意料之外，亦可看作是理和奇的统一。如"关黄对刀"，先表述关羽、黄忠刀马纯熟，使的都是春秋刀法；突然波澜骤起，黄忠马失前蹄，堪堪丧命，但关羽反叫黄忠换马再战；继而黄忠两度虚射雕翎，第三支箭则"正射到他（指关羽，笔者注）头盔的盔缨上，射是射，并没把盔缨射断，而且箭插在那儿没下来，要的就是这筋劲儿……正好插在这儿，箭没下来，这叫寒碜你关云长：我让这支箭射到你的盔缨上，想不让它掉下来就不掉下来；那我想要你项上人头，你也就跑不了了"。接下来再从关羽和黄忠的年龄、刀法、坐骑、经验阅历等方面分析二人的优劣，将一段带有离奇色彩的"战长沙"分析得入情入理，令人击案。

评书的引经据典，不是为拉典而拉典，而是为情节内容服务，进而有助于描摹人物。比如曹操看望蔡文姬，评书较原著内容有所增加，由缶引出渑池会、由醒酒毯引出伯邑考献宝、由鱼藏剑引出专诸刺王僚，看似与原故事有所偏离，但最后借三绝碑蔡邕题"黄绢幼妇，外孙齑臼"的典故引出杨修揭秘，不动声色地为后文杨修之死埋下伏笔。在"杀杨修兵退斜谷"中，杨修因传"鸡肋"而死，此时倒笔叙述他昔日恃才傲物的几个故事，杨修的形象呼之欲出，曹操的不满跃然目前，与前文形成呼应，观众若有所悟。可以说，这种"书外书"的巧妙使用，正是评书技法手段的完美显现。

三、人物形象和语言运用的交织呈现——以"诵赋激瑜"为例

"赤壁之战"是《三国》的大"坨子"（由重大情节构成的大单元），而"诵赋激瑜"是"赤壁之战"的重要回

目。周瑜、诸葛亮、鲁肃，构成评书中的"三碰头"。书说到"三碰头"，矛盾集中了，中心思想有了，对手戏也展开了。

"铺垫话儿"开门见山，寥寥数语说明背景的同时，曹操大军压境的磅礴气势更起到先声夺人之功：

> 建安十三年秋七月丙午日，曹操率领五十万大兵兵发江汉。这时候荆州牧刘表已然死了，刘表的二儿子刘琮顺从母命归降曹操，被曹操所杀，曹操轻而易举地得了荆襄四十二州县水旱马步军二十八万，然后招募新兵，加在一起八十三万人马，诈称百万之众，沿长江下寨，连营三百里，平吞江夏，虎视江东！

之后话锋一转，交代刘备的艰难处境，与曹操形成强烈反差：

> 而刘备刘玄德带着关云长、张飞，大将赵云赵子龙，弃新野，走樊城，败当阳，奔夏口，到江夏郡投奔了刘表的大儿子公子刘琦。就这么点儿地儿了，还是人家刘琦的。可以说刘备上无片瓦遮身，下无立锥之地。

这就是京剧和评书的结合。孙权是花脸，吴国太是老旦。借鉴京剧不是生搬硬套，而是巧用京剧念白，化到评书中，化到孙权和吴国太身上，人物精、气、神的神就出来了。

之后孙权调回周瑜，东吴众文武分头见周瑜表明态度。武将中突出黄盖，为后文"苦肉计"埋下伏笔；文官中介绍诸葛瑾，一方面他和诸葛亮是亲兄弟，另一方面可以讲"诸葛子瑜之驴"的"书外书"，抖"包袱儿"让观众放松一下。当然，上述内容须根据时间要求和观众反应，或长说，或短说，这也是评书灵活性的体现。

之后给周瑜、诸葛亮"开脸儿"，借鉴的是京剧名家叶盛兰、马连良的舞台造型，但评书毕竟不是京剧，还要通过评书语言批讲一番：

> 诸葛亮二十七岁出山，赤壁鏖兵火烧战船的时候，诸葛亮二十八，周瑜三十四。再有两年周瑜就死了，三十六岁命丧巴丘。刚才给周瑜"开脸儿"说了，周瑜年纪轻轻，可没说他有胡子，但诸葛亮三绺墨髯黑胡须。您看马连良先生扮演的诸葛亮，哪回不戴胡子呀？那诸葛亮这胡子讲理不讲理呢？不讲理。为什么？古时候二十八岁开始留燕尾胡须，三十多岁才留胡子呢，应当把诸葛亮的髯口摘下来给周瑜戴上。但叶盛兰先生塑造的周瑜，叶派小生；马连良先生塑造的诸葛亮，马派老生，深入人心。所以这是不能更改的。

之后三人落座，周瑜和诸葛亮心照不宣，暗中斗智；

鲁肃不明就里，心急如焚。诸葛亮见时机已到，装作不知大乔乃孙策之妻、小乔乃周瑜之妻，揭破曹操欲得江东二乔之心思，并称曹植所写《铜雀台赋》可为凭证。周瑜强压怒火，诸葛亮这才从容诵赋（《铜雀台赋》略）。

《铜雀台赋》的"背口"是整段书的高潮，要在气定神闲的基础上做到疾徐有致、游刃有余，方能彰显评书语言韵律之美。

> 周瑜听完诸葛亮背诵《铜雀台赋》："呀……"双手一拶雉鸡翎，往江北一指："曹贼……"

为什么周瑜急了？接下来就要批讲《铜雀台赋》，而且必须让人信服。

> 《铜雀台赋》原来有两句应该是"连二桥于东西兮，若长空之蝃蝀"。当中是铜雀台，两边是玉龙台和金凤台。这台挺高，那时候又没电梯，怎么办呢？用两座天桥相连。站在台下抬头一看，这两座桥就像天空中刚下完雨出的绛、出的虹一样好看。但诸葛亮改了，诸葛亮改成"揽二乔于东南兮"。曹操在铜雀台摆下丰丰盛盛的酒宴，大乔坐这儿，小乔坐这儿，曹操左胳膊搂着孙权的寡妇嫂子，右胳膊搂着周瑜的媳妇。"揽二乔于东南兮，乐朝夕之与共"，那周瑜还不急呀？我媳妇能让曹操搂着么？

诸葛亮装傻："都督息怒。""哎呀，孔明先生有所不知。"不知？诸葛亮心说：不知道我还不说呢。"哎呀，都督，言语冒犯，请都督明示。""大乔乃故主之妻，小乔乃瑜之妻也。"诸葛亮还装呢："哎呀，冒失冒失。这个……都督，失礼失礼，我确实不知道。"

如果再细致地说，周瑜一生气，诸葛亮还得劝，要"拉典"：汉天子把昭君公主送到单于那儿和亲；越王勾践把西施送给吴王夫差，使夫差亡国。

最后，以诸葛亮智激周瑜成功、孙刘两家联合破曹作底，收束全书。

囿于篇幅所限，笔者简要地介绍了说演《三国》的一点浅见和感悟，恳请各位前辈、老师、读者批评指正。

（原载 2024 年第 3 期《曲艺》，有删节，作者系中华书局党群工作部员工）

行业思考

简体字本古籍出版的价值及其实现路径

——以"中华国学文库"为例

尹　涛

中国古籍的形态，20 世纪以来发生了一个重大变化，这个变化可以说是影响全局的变化，这就是出现了大量经过重新整理，添加了新式标点甚至全式标点的繁体字本。

近年来，中华书局陆续出版了《二十四史》《清史稿》《资治通鉴》"新编诸子集成""十三经清人注疏""古典文学基本丛书"《先秦汉魏晋南北朝诗》《全唐诗》《全宋词》"佛教典籍选刊""道教典籍选刊"等。上海古籍出版社出版了"中国古典文学丛书""中华要籍集释丛书"等。各地的古籍出版机构也出版了一大批具有代表性的作品。这些出版物形成了一个经过标点、分段、校注、整理的基本古籍系统，培养了一大批习惯于阅读繁体竖排古籍的读者，为中华优秀传统文化的传承发挥了重要作用。在此基础上，随着汉字简化，还出现了一个更大的变化，这就是出版机构推出了大量采用新式标点的简体字本古籍。

在一般人的印象中，竖排繁体字标点本基本没有改变古籍的形态，逐渐成为整理和出版古籍的标准样式，被广泛接受。而简体字本，则在其普及价值得到肯定的同时，常常引来"丢了信息"甚至"丢了传统"等批评。人们对古籍简体字本的认识还存在很多分歧，尤其是在整理出版的实践中，不少人还存在一些困惑。这些问题都需要进一步论析。

本文结合中华书局一套简体字本古籍丛书——"中华国学文库"的出版实践，对简体字本古籍出版的价值及其实现路径进行分析。

一、简体字本古籍整理与出版：
读者需求与当代价值

（一）简体字本古籍契合读者阅读需求

整理出版古籍，用繁体字好，还是用简体字好？这不是一个单纯的理论问题。我们可以先看一下古籍简体字本40多年来的一些出版实践。

古籍的选本，比如诗文的选本使用简化字，一般来说不会引起争议。20世纪70年代末以来的很多古代文学教材和普及性古籍选本，大都采用简体字。上海古籍出版社的繁体字本《中国历代文学作品选》有部分学校采用，在市场上占有一定比例。实际上，简体字本古籍已成为大学课堂的常见用书。普及性的丛书，如人民文学出版社的"中国古典文学读本丛书"多采用简体字。20世纪60年代以繁体字本出版的几种图书，如余冠英先生编的《乐府诗选》《三曹诗选》，修订后也统一改成简体字。

文白对照的古籍，20世纪80年代到90年代比较有名的有贵州人民出版社出版的"中国历代名著全译丛书"，它在当时的影响是很大的。陶渊明诗、唐诗三百首、宋词三百首都有了白话翻译，颠覆了"诗歌不可译"的认识。丛书坚持了自己的体例。文白对照本是普及传统经典的主要形式之一，采用简体字是题中应有之义。此外影响较大的还有岳麓书社出版的简体字本"古典名著普及文库"。这些简体字本古籍在传播中华优秀传统文化方面发挥了很好的作用。

因应读者和市场的变化，一些很难普及的大部头古籍，也有了简体字白话文本。岳麓书社出版的"古典名著普及文库"包含了简体字本《文选》《元史》《明史》。特别是吉林文史出版社1995年出版了简体字本《二十六史》，中州古籍出版社1998年出版了简体字本《二十四史》，这些大型的古籍简体字本都体现了策划者的气魄。

在此背景下，拥有繁体竖排点校本《二十四史》的中华书局在世纪之交感受到巨大压力，书局内部就是否推出《二十四史》简体字本展开激烈讨论。一种意见是完全反对。谨慎的看法是"兹事体大，需要先尝试一两种，积累经验后再推开"，"繁改简谈何容易，弄不好漏洞百出，不能这样砸牌子"。赞成的意见是"兄弟社都出了，中华书局有经过整理的繁体字点校本，为了占领市场，更应该出简体字本"，"简体字本比繁体字本好销，书局需要类似简体字本《二十四史》这样的图书来拓展市场"。不管怎样，中华书局的简体字本《二十四史》终于在内部的争论中于2001 年出版，全套 63 册，精装平装并行。这套简体字本《二十四史》有繁体字本作为底本，保留了繁体字本全部校勘成果。（《三国志》甚至增加了校勘记，内容比繁体字本丰富。）所以它很快成为市场上最通行的简体字本，销售情况确实不错，成为中华书局《二十四史》系列产品中的一个拳头品种。此后中华书局陆续推出简体字本《全唐诗》《全宋词》等，它们都是"利用繁体字本资源，尽快开发市场导向的简体字本"这个思路下的尝试。在 21 世纪的头 10 年，不单中华书局，各地古籍社也都出版了一些简体字本。

在那个时代，简体字本古籍是人们重新认识传统文化的桥梁，而且价格相对比较低。它们给广大读者提供了很好的入门工具，也为一些专业读者提供了更多选择。

（二）简体字本"中华国学文库"的成功出版及价值彰显

一直到 21 世纪头 10 年，我们对古籍简体字本的出版都还处在根据市场需要策划单个选题的层面，基本没有战略层面的思考。2010 年，中华书局策划简体字本"中华国学文库"时，我们的思路才逐渐清晰起来。

"中华国学文库"的《出版缘起》指出："新中国成立之后，党和国家倡导系统整理中国传统文献典籍。六十馀年来，在新的学术理念和新的整理方法的指导下，数千种古籍得到了系统整理，并涌现出许多精校精注整理本，它们已成为超越前代的新善本，为学界所必备。"这说明，繁体字精校精注本的积累为简体字本"中华国学文库"打下了基础。《出版缘起》说文库"自当具备以下 3 个基本特点：一、文库所选均为中国学术文化的'最要之书'。举凡哲学、历史、文学、宗教、科学、艺术等各类基本典籍，只要是公认的国学经典，皆在此列。二、文库所选均为代表当代最新学术水平的'最善之本'，即经过精校精注的最有品质的整理本。其中既有传统旧注本的点校整理本，如朱熹《四书章句集注》，也有获得学界定评的新校新注本，如余嘉锡《世说新语笺疏》。总之，不以新旧为别，唯以善本是求。三、文库所选均以新式标点、简体横排刊印。中国古籍向以繁体竖排为标准样式。时至当代，繁体竖排的标准古籍整理方式仍通行于学术界，但绝大多数国人早已习惯于现代通行的简体横排的图书样式。文库作为服务当代公众的国学读本，标准简体字横排本自当是恰当的选择"。这是中华书局推出简体字本的基本思路。

没有繁体字精校精注本的积累，就不会产生规模性推出简体字本的思路；没有 20 世纪 80 年代以来简体字本的尝试，尤其是《二十四史》《全唐诗》等的出版尝试，就不会有出版简体横排古籍的坚定信心。

为出版这套丛书，编辑部准备了一个大书目。第一项工作就是从这个大书目中，按照市场导向同时兼顾古籍分类，选出第一辑 10 种，就是要选出在中华书局繁体字本中年销售量排在前列的品种，同时兼顾经史子集或者文史哲的平衡性。我们当时一方面为市场前景感到忐忑不安，另一方面要克服选择的烦恼。为了集思广益，我们组织部分编辑和营销人员搞了一个心目中前 10 的投票。投票确定的第一辑 10 种书是《四书章句集注》《诗集传》《史记》《三国志》《老子道德经注》《庄子注疏》《世说新语笺疏》《陶渊明集笺注》《李太白全集》《饮水词笺校》。这 10 种书中有 9 种中华书局已有繁体字本，只有《诗集传》是新组约的简体字本。9 种书中，《史记》《三国志》中华书局已出过简体字本。《老子道德经注》的底本是楼宇烈先生校释的《老子道德经注校释》，《庄子注疏》的底本是曹础基先生点校的《南华真经注疏》。我们考虑简体字本读者的专业程度，为扩大影响，将这几种书都改了书名。

将这 10 种书的繁体字本和简体字本销售情况进行比较是很有意思的。从 2011 年"中华国学文库"第一辑出版到 2023 年 4 月，9 种"中华国学文库"本和对应的繁体字本销量对比如下：

《四书章句集注》19.2（万册，下同）：16；《史记》15：9；《三国志》12：6.6；《老子道德经注》30：12；《庄子注疏》4：3.6；《世说新语笺疏》4.5：3.3；《陶渊明集笺注》4.3：2.4；《李太白全集》8.7：2.4；《饮水词笺校》4：3.6。

从 10 多年来的销售情况来看，简体字本销量均超过繁体字本，有些简体字本达到比较畅销的效果。而同期与之对应的繁体字本的销售没有下降，保持了稳定。有些品种完全超过预期，如《李太白全集》的简体字本卖了 8.7 万册。

当时我们希望经过 10 年的努力使"中华国学文库"的图书品种达到 100 种，这个目标我们用了 10 年多一点的时间实现了。随着品种的积累，2017 年，这套丛书年销售码洋突破 2000 万元，接下来连续 6 年，其销售码洋都在 2000 万元以上，成为中华书局一条坚实的产品线。

（三）疑虑及回应：简体字本古籍出版的实践逻辑

实际上直到今天，人们对全本、保留古注、增加今人校注的简体字本古籍仍然存在疑虑，而且持这种疑虑的往往是一些有传统文化修养、阅读繁体字古籍障碍较少的专业人员和古籍爱好者。疑虑主要涉及两种观点。一种观点认为，文字简化会导致古籍文本信息丢失，古籍不再是

"原汁原味"的了，对文化传承会产生很大伤害。另一种观点认为，对读不懂古籍的人来说，就是给他提供简体字本他还是读不懂；对读得懂古籍的人来说，他其实不需要简体字本。

先说第一条。差异肯定是有的。单个繁体字可能比简体字多一些字形上的联想，但这并不能证明繁体字本的词和句子的含义比简体字本丰富，更不能证明文义在受上下文约束时，繁体字本比简体字本能多出来什么含义。单个汉字简体字与繁体字之间的差异，比起现在通用的繁体字与篆字、六国"古文"、金文、甲骨文之间的差异，恐怕还要小一些。至少从学习的角度看，通过简体字学习繁体字，比拿着《说文解字》去学习古文字要容易。我认为导致这种看法的原因主要是阅读习惯的不同。长期阅读繁体竖排的古籍的人，对简体字本不是很习惯，这容易放大实际阅读感受上的差异。

第二条担心在逻辑上可能有一点漏洞。对目前读不懂但是想要读懂古籍的人来说，简体字本是一个好的入门读物。对读得懂的人来说，简体字本也是一个备选。简体字本可以很好地为这两种人服务。

繁体字本能够更好地联通过去，简体字本或许能更好地面向未来。我们的孩子上学，学的是简体字。西方人学汉语，大多数学的是简体字。简体字是通往传统文化的第一座桥梁。我们不出版简体字本古籍，就很难联通今天的人们和古代的人们，很难联通新的文化和传统文化。有兴趣、有需要阅读中国古籍的读者数量是一个相当庞大的数字，然而这些读者一直到中学毕业甚至大学毕业，在学校里都只学习简体字，只认识简体字。他们要想接触古籍，就必须经历简体字到繁体字的艰难过渡，然而绝大部分人恐怕永远都无法跨过这一座桥梁——这时，古籍简体字本就可以作为传统文化学习教育的工具，满足人们初步的学习传统文化的需要。

此外简体字本有一个很大的优点，就是其能够提升阅读速度。只要是进行过认真对比的读书人，就会很容易得出这个结论。阅读和引用经过点校整理的繁体字本古籍已成为学术界的常规，可即使是能够阅读繁体字本古籍的读者，当他们希望节省时间快速掌握内容时，与繁体字本对应的可靠的简体字本就是很好的选择。

况且，我们的目标是繁简字本并行，不是非此即彼。不管是以繁体字本为底本形成简体字本，还是以简体字本为基础形成繁体字本，我们都希望做到原原本本、源流清晰。我们可以先做繁体字本，积累到一定程度，简体字本就要跟上。

可以预测，希望阅读古籍的人群将会逐渐扩大，人们的需求将进入新的层次，建设一个包括简体字本在内的"中华古籍世界"是文化建设的迫切需要。

二、建设传统、数字出版并重，繁体、简体字本并存的"中华古籍世界"

20 世纪以来的古籍以繁体竖排为标准，它们很好地与没有标点的传统古籍相衔接。大量基础的、常用的古籍已经得到整理，一个比较系统的点校本、校注本古籍系统已经形成，这是新中国古籍整理的伟大成就，是几十年来几代学者、几代编辑人艰苦积累的成果。但是也要清醒地看到，这些成果还封闭在一个专业人员组成的小圈子里。绝大多数读者，甚至绝大部分受过高等教育的读者，因为繁体字阅读的障碍，无法接近中华优秀传统文化的真际，无法充分享受古籍整理成果，因而无法理解传统文化的精髓。这种情况是客观存在的，对中华优秀传统文化的传承和发展是非常不利的。

我们设想一种局面——几百种上千种经过整理的基本古籍，既有繁体竖排的形态，也有与之对应的简体横排的形态，二者并行不悖，让读者各取所需，经济宽裕的读者甚至可以兼收并蓄——这样一种局面，对于中华优秀传统文化的传承，是有利，还是不利呢？

从中华书局的战略来说，我们要在繁体字本之外设计一条与之对应的简体字本产品线，理想的目标是"再建一个中华书局"，形成一个简体字本的"古籍世界"。同样的一种书，有繁体字本，有简体字本，品种加倍，理想的发行量加倍，读者各取所需，这实为编者与读者两相获益的幸事。中华书局近些年正在推进古籍的数字化，要打造一个"线上中华书局"，目前其已经有22亿字的规模，但仍以繁体字本为主。中华书局正谋划推进简体字本古籍的数字化，建设数字化图书与纸质书并存的简体字本"古籍世界"。

建设这样一个简体字本"古籍世界"，可以分阶段实施。第一个阶段，出版核心经典的简体字本。2017年，中华书局发布了233种基本古籍书目。考虑到核心经典可能不止一个精校精注本，233种基本古籍对应约300种图书。这是第一阶段的目标。"中华国学文库"过去10年已经做了比较成熟的实验，完全可以循序渐进，在未来10年实现出版300个品种的目标。这个阶段的全部品种，要尽量以精校精注的繁体字本为底本。如果只有简体字本，那就要考虑做一个对应的繁体字本。最近，中华书局"中华国学文库"增补了书目，加上已出版的100种，品种达到200种，新的选题有望在下一个10年完成。

第二个阶段，扩大品种规模。可以考虑出版500个左右的品种，增加传统经史子集第二梯队的重要作品。要着重从传统文化和当代结合的维度选择品种，考虑建设新的文化的需要。特别是要立足新时代，以马克思主义基本原理和中华优秀传统文化相结合的眼光，重新审视我们的古籍资源，力争在简体字本的拓展上适应新时代的新要求。

第三个阶段，在扩展品种数的同时，大力推进简体字本古籍的数字化，推进繁体字本和简体字本共存互补的线上"古籍世界"建设，最终形成一个线上和线下结合、电子书和纸质书对应、繁体和简体并存的"中华古籍世界"。

建设这样一个"中华古籍世界"是有实践基础的，是可以达到预期目标的。理想的情况是国家文化发展战略考虑到简体字本古籍出版的迫切性，有关部门制定规划，确立项目，各方协作，加快推进。

三、简体字本古籍出版的关键环节：制定《繁简字对照总表》

编辑出版简体字本古籍面临的最大困难是，现有的简化字总表和类推表只是一个示例性质的标准，很多繁体字没有与之对应的标准的简化字，在繁体偏旁类推简化的实际操作过程中会出现大量新的简体字形，使用者难以确定是否妥当。一部简体字本古籍，偏旁类推简化尺度严，保留很多繁体字形，就会出现"马"字旁或"马"或"馬"、"讠"字旁时"言"时"讠"的情况，繁简混杂，让人进退两难，而且不同人有不同的尺度，不同社有不同的标准。如果全部类推简化，又使得大量"奇怪的""别扭的"类推简化字出现，很多字形横空出世，左看右看使人难以心安。《新华字典》查不到，《现代汉语词典》也管不了。一些收字较多的权威工具书，比如《辞海》，前后几版对类推简化字的处理尺度也是有伸有缩，似乎也面临这样一个问题。

因为类推简化只有方向而没有明确的标准，所以实践中容易出现千人千面、百社百样的局面。简体字本古籍的整理者和编辑常常因为没有标准而心里不踏实，导致实践中的"深一脚浅一脚"。因为没有标准，目前简体字本古籍的面貌也就花样百出。

有一个办法可以从根本上解决这些问题，即国家相关部门组织力量制定一套《繁简字对照总表》。这个总表的制定应坚持两个基本原则。

第一个原则，收字要尽量多，可以以《汉语大字典》为基础，异体字、俗字要应收尽收。《繁简字对照总表》不仅要解决普通常用古籍的简体字本问题，而且要解决专业性强的古籍的简体字本问题，例如一些大型的语言文字类工具书。

如果不想要太多类推简化字，可以设定一个标准，例如《繁简字对照总表》收录的字不超过 10000 个，其余的字全部保留繁体字形，即使出简体字本，也不允许类推简化。

第二个原则，在制定《繁简字对照总表》时，每个繁体字都给出对应的简体字，每个简体字也给出对应的繁体字，一一对应，不留弹性。一繁对多简、一简对多繁的情况要一一说明，方便人们学习使用。

关于在简体字本中保留繁体字形到什么程度的很多争论其实是无谓的。如果我们坚持繁体字本和简体字本并行不悖的立场，就会发现这只是一个统一标准的问题和实际操作的问题。

在"中华国学文库"的编辑出版过程中，我们遇到的最麻烦的问题就是类推简化字问题。每一种书都有自己的用字特点，多少都会碰上需要斟酌的情况。因为没有统一的标准，所以我们就要求在各书内部做到统一，保留各书之间的差异。10年来的实践中，我们花费了大量精力，基本上形成了中华书局简化字本的一般尺度，熟练的编辑基本上都能够较好地掌握这个尺度。但是，实事求是地说，"中华国学文库"虽然达到比较高的繁简转化处理水平，但是离"标准的"简体字本是有距离的，其主要原因就是上面所说的缺乏简化字标准。所以国家相关部门组织制定一套《繁简字对照总表》具有现实必要性和迫切性。

在希望"彻底""标准化"简化的同时，必须保持清醒的头脑，必须了解古籍中用字的复杂性，坚持具体情况具体分析、具体问题具体处理的原则。事实上，简体字本古籍中一些特殊的地方，是必须保留繁体字形的。

比如，井幹的"幹"不简化为"干"，受釐的"釐"不简化为"厘"，校讎的"讎"不简化为"仇"。人名涉"閒"不简化为"间"，更不能简化为"闲"。至于閒外面的"門"是不是简化为"门",就涉及上面所说的《繁简字对照总表》。在这套表里,该字是需要简化的,现有的一些简体字本古籍对这个字也作了简化处理。我们常常碰见的"適"字是否简化为"适",也是需要小心处理的,多数情况下是不能的。

古籍的注解中常常有"某音某"的表述,比如"鬚音须""涂音塗""鹹音咸""薦音荐",如果简化,就没法理解了,这样的地方需要保留繁体字形。有些注解如"向,又作嚮",繁简都有;"监本'復'误'後'",核心信息就是字形相似所以出现错误。前者无法简化,后者简化了就失去字形上的信息。这些地方,保留繁体字显然是正确的选择。

在简体字本古籍的整理出版过程中,如遇到类似上面需要保留繁体字形的情况,应该采取局部问题局部处理、特殊问题特殊处理的原则,不必为"同一个繁体字在全书其他地方已经简化"这类逻辑问题而自寻烦恼。

在制定和使用《繁简字对照总表》的同时,还应注意以下两点:

其一,在整理出版简体字本古籍的实践中,需要对每一本书繁简字处理的具体情况进行梳理汇总,积累到一定程度后,还要对各书繁简字处理的特殊情况进行汇总。归纳通例,记录特例,以使其成为行业的参考。尤其是一些异体字较多的图书,取与舍、统一与保留的记录和汇总格外重要。

其二，理想的简体字本是以精校精注的繁体字本为底本，但在实际整理出版过程中，与简体字本对应的繁体字本往往缺失。当我们准备出版"中华国学文库"第一辑的《诗集传》时，中华书局就没有相应的繁体字点校整理本。当时其他出版社有繁体字本，但因涉及版权问题，同时中华书局也希望有一个重新整理的《诗集传》本子，所以我们决定"先出简体字本，时机成熟推出繁体字本"。"中华国学文库"简体字本的《诗集传》2011年出版，对应的"中国古典文学基本丛书"中的《诗集传》繁体字本2017年出版，中间隔了6年。另外，张振珮先生的《史通笺注》是一部优秀的古籍校注整理图书，1985年贵州人民出版社出版了简体字本，经过校订的新版于2022年收入"中华国学文库"，仍然是一个简体字本，这样就留下一个出版繁体字本《史通笺注》的期待。《经学通论》又是另外一种情况。中华书局原来只有一个断句本，其没有经过施以新式标点的整理，将其收入"中华国学文库"当然是不行的。在这样的背景下，我们加快了点校本《经学通论》的出版进程，这次也是2017年的简体字本出版在先，2018年的繁体字本出版在后。采取这个顺序的原因，主要是简体字本市场销售情况通常要好于繁体字本。这样，先出简体字本再出对应的繁体字本的模式逐渐确立。

四、结语

上面的思考归结起来就是要高度重视简体字本古籍的作用，努力建设一个包括简体字本在内的"中华古籍世界"。古籍是中华优秀传统文化的主要载体，简体字本古籍是人们学习优秀传统文化的津梁。简体字本古籍精品的出版，此前已经有一些成果，但是路还很长，还需要艰苦的努力。现阶段特别需要国家在政策、人才、标准、资金等方面的支持，需要将简体字本古籍出版上升为国家战略。

（原载 2024 年第 6 期《现代出版》，作者系中华书局总编辑）

浅议新时代主题出版物的内容策划与有效运作

李　猛

"主题出版"的概念已提出 20 余年时间，它有力地配合了党和国家工作大局，配合了党和国家的不同时期主题主线。在新时代的出版领域，主题出版物承担着传播知识、引导舆论、服务社会的重要角色。其中，聚焦重大问题，关注国家发展进程中的重大理论和实践问题，反映时代精神和社会变革，成为主题出版物策划的关键方向。

前不久，中宣部办公厅印发通知，就做好 2024 年主题出版工作作出部署。要求聚焦聚力用党的创新理论武装全党、教育人民的首要政治任务，推出一批反映时代新气象、讴歌人民新创造的精品力作。

主题出版是出版工作的"重中之重"，做好主题出版工作是新时代赋予出版工作者的崇高使命。作为出版"国家队"的一员，中华书局十分重视主题出版，先后推出一批双效俱佳的主题出版物，并多次获得国家级大奖。近年来，中华书局推出《重读抗战家书》《重读先烈诗章》《生生不息：从传统经典名句领悟社会主义核心价值观》《中华传统文化经典百篇》《百年革命家书》等书籍，以及大型历史文献丛书《复兴文库》前三编，创办传统文化知识刊物《月读》，编撰"社会主义核心价值观系列连环画""中华文化基础教材""中华先贤传奇人物故事汇"等青少年学习读物。

当下，推进中国式现代化既是人文社科领域的重大理论与实践课题，更是出版内容的选题富矿；中国式现代化作为主题出版的热点，始终为出版界所关注。如何将此热点图书策划好、出版好，进而深受读者喜爱？2023年年底，中华书局主题出版编辑部应运而生。2024年4月，由编辑部重点策划和推出的第一部作品《中国式现代化的文化基因》正式出版发行。这本书充分考虑普通读者的需求，是中华书局在主题出版领域学术水准和大众化表达合炉而冶的积极有效尝试。图书上市两个多月，便入选近20种好书榜单，读者反馈积极，发行数量节节攀升。

中国编辑学会会长郝振省把《中国式现代化的文化基因》一书作为典型案例推广给书业同行。他认为，该书是弘扬马克思主义文化的优秀作品，既强化对马克思主义文化的研读，又深入挖掘中华优秀传统文化的价值与力量。

这本《中国式现代化的文化基因》之所以能够取得业

内外的一致认可，跟出版社高水平的内容策划和有效运作分不开。

首先是积极策划，精准提炼，在同类选题中寻求差异性。

《中国式现代化的文化基因》一书从浩瀚的古代典籍中提炼出"生生不息"的仁道理念、"损有余而补不足"的天道品格、"形神兼备"的生命观念、"天人合一"的生态哲学、"亲仁善邻"的交往之道等15个核心内涵，以这些内涵解读"中国式现代化"与"古老中华文明"之间的关系，同时阐释中国式现代化对于世界现代化理论的重要贡献和重大创新。

正如郝振省所认为的：这是一本集选题的差异性、厚重的学理性、论证的逻辑性、引文广博的丰富性和结论有力的科学性于一体的新作。此外，该书对中国式现代化的文化基因进行探索，抓住"人的现代化"这一现代化的根本，为理解中国式现代化呈现了中国文化基因的重要图景，在一定意义上回答了为什么要把马克思主义同中华优秀传统文化相结合，探索了中华优秀传统文化对中国式现代化的创新发展，以及二者如何相结合的问题。

其次是站在读者视角，紧扣时代主题，与现实与大众紧密结合。

以古论今，有助于行稳致远。《中国式现代化的文化基因》相比同类书，一是在宏大叙事之下的精细表达上做得比较好。该书在中国式现代化的大背景下，深入挖掘中华文化的深厚底蕴，展现了中国式现代化的文化内涵。在策划过程中，准确把握时代脉搏，选择与时代紧密相关的主题，体现出出版物的时代价值。二是阅读体验比较好，通过精准用典和细致入微的剖析，让传统文化深入到读者骨脉中。三是贴近现实。比如讲到生活方式、生态文明等，都是从身边事讲起、从我们自身该如何做出发，抛却主题书的严肃面孔，封面设计及打磨也下了极大的功夫，兼顾学术、大众和时代精神，在图书市场找到独特定位，非常容易为读者所接受。

最后是编辑与作者的精诚合作，高效配合，达成高度共识。

该书因缘独具，源于编辑和两位作者10多年的友谊基础及文化觉醒，所以编辑和作者方沟通配合起来无比顺畅，从确认选题思路到写作出版，该书仅用了半年时间。

谈及写作背景，作者彭路路说过这样一段话："探讨这个主题的问题意识，则要追溯到十几年前，我和本书合著者肖伟光、以及本书责编之一李猛在北大国学社度过的一段社团时光。那时，全球化浪潮正风起云涌，和平与发展还是世界的主题，向西方学习则是国人的普遍向往。仿佛源于某种血脉里的共同召唤，让我们回溯文化传统的源头，如饥似渴地吸取养分。在日复一日的熏染中，初识何谓经典、何谓圣贤、何谓传统、何谓使命。读书是一字一句、口诵心惟，与古圣先贤把臂同游、千古同风。传统则仿佛一束亮光反照，让我们看到自身的来处，明了未来将向何方，身心遂得以安顿。""在中华民族伟大复兴的重要节点上，这本小书应运而生，既是我们对伟大时代和对古老文明的一种致敬和回应，也是我们三人迈向未来的一个新起点。"

传统现代化、学术通俗化、文化大众化则是对这本书的定位，巧的是，这正与中华书局的学术出版理念不谋而合，即作者和出版方达成高度共识。

文以载道，文以弘道。《中国式现代化的文化基因》一书，饱含作者的深情和洞见，充满时代气息，是一本思想性与学术性并重、创新性与启发性兼备的佳作。新时代的主题出版需要更多以中国话语体系诠释中国实践、中国经验、中国道路的佳作，因为这本身就是建设中华民族现代文明、创造人类文明新形态的重要组成部分。

（原载 2024 年 6 月 20 日《新华书目报》，作者系中华书局近代史编辑部编辑）

灿然书屋升级改造一年，
有哪些探索和经验？

吴　魏

从零开始——灿然书屋升级改造筹备阶段

　　2023 年，中华书局将有多年历史的灿然书屋（原中华书局读者服务部）的运营交给中华书局有限公司北京东城分公司，并同时启动灿然书屋的升级改造。在实体书店面临盈利模式不明确、服务能力不充足、营销手段不高效等诸多困境和生存异常艰难的大背景下，定位和运营面临很大的挑战。我们就这样走上从零开始的探索之路。

　　首先是考虑灿然书屋所在的区位。王府井大街 36号，距王府井步行街北口不到 500 米，首都核心区的核心地段，是文化和经济高度汇聚的区域。于是我们进行了人流统计，在高峰时段灿然书屋门前路段每分钟人流超过 50 人次，其中游客占比 58%，35 岁以下年轻人占比

43%。这些数据都为我们提供了良好的基础和无限遐想的空间。

其次是考虑周围的环境。灿然书屋周围除了商业、酒店业密集之外，最大的特点就是浓厚的书香氛围和文化积淀：中国美术馆、嘉德艺术中心、北京人民艺术剧院首都剧场、商务印书馆……而且从美术馆东街的三联韬奋书店（美术馆店）一路向南，分列着嘉德书店、人艺书店、涵芬楼书店、外文书店、王府井书店等7家不同类型、各具特色的书店。

于是，我们将灿然书屋升级后的定位从书局读者服务部调整为打造更加年轻态的、多种功能复合的传统文化新空间。

基于这种定位，我们邀请了上海精于城市更新和书店设计的新兮设计团队专门对灿然书屋的空间进行重新设计，针对门头内退于街道平面、内部空间狭小、建筑面积仅有130平米，且布局纵深狭长、逐渐收窄（进门处面宽5米，最靠内处面宽2.3米）等诸多设计难点，我们与新兮团队充分调研、反复考量、不断调整，仅店面门头设计就改了13版，最终在几个月的努力下，才有了灿然书屋现在的设计。

醒目的白色作为门头的基础色，在与周围城市建筑统一协调的基础上又做到足够亮眼。门头采用微斜的几何三角形，与边上的立墙像成一个有机体，减少了门头内退造成的突兀感，且进一步利用门头内退的空间，在门口利用白色的矮墙进行半围合的庭院设计，增加了整个场域的情调与调性。为了增加营业面积，在街道的协助下开辟了露台，在与门前的庭院形成呼应的基础上增大了营业面积，利用楼梯及延展空间将狭长的空间一分为二，既从视觉上提升了空间的层次感，也为书店内活动提供了空间的区隔和便利。

在书店空间设计的同时，书店的运营团队认真走访调研了北京及全国多家书店和文化空间，与书店和文化空间的主理人充分交流取经，并邀请有大量书店策划运营经验的书萌团队全程参与书店的策划与筹备。灿然书屋的再出发，吸取了许多同业之前开拓的经验和教训。

从零到一——灿然书屋升级改造一年中所做的探索

基于实体书店面临的普遍困境和挑战，以及灿然书屋打造更加年轻态的、多种功能复合的传统文化新空间的定位，我们在开业一年中从内容、形式、空间、传播4个方面做了创新探索。

1.内容创新

作为书店，图书始终是一个基本盘，做好图书内容的选择与陈列是一个书店最重要的工作。灿然书屋面积不大，能够展陈图书的面积有限，所以我们放弃了之前作为中华书局读者服务部的书局图书全品种陈列的思路，重新进行灿然书屋的选品和陈列。

除了中华书局出版的核心古籍整理、学术著作、大众普及读物之外，还精选了约30%—40%其他出版社的优秀图书品种，与书局自身的产品线相结合，同时根据前期调研的灿然书屋条件，有针对性地搭建灿然之美传统生活美学、灿然名家作家签名本、灿然一新历史著作、老舍的城北京文化等主题专架，努力形成灿然书屋独特的图书品位，受到读者尤其是年轻读者的青睐与赞赏。

咖啡和茶饮现在已经成为书店的标准配置，但如何做出特色却是难点。灿然书屋根据自身特色和客观条件，找到曾任"老舍茶馆"经理唐波自主创业的新中式茶饮品牌"唐与茶"。当时"唐与茶"在西单图书大厦开设首店，其打造将茶饮和甜品结合的东方美学茶空间，以溯唐寻茶为理念，将唐代煮茶、宋代点茶、明代泡茶的技艺融入现代茶的品饮之中，坚持杯杯鲜萃，以好品质呈现中国茶香为茶饮特色，与灿然书屋的气质完美结合。

双方经协商后合作共创灿然书屋的茶饮空间，从而将灿然书屋自身团队成员降低为2人。这种合作不但降低了书店前期投入和后期运营成本，更有利于双方在合作运营中彼此配合、互相激发。像中华书局《南史》修订版首发签售会上的南史蛋糕、《福尔摩斯探案全集（插图珍藏版）》小型分享会上的正山小种红茶和司康点心、"孔壮壮主题日"推出的主题茶饮茶点套装——幽兰雪针和太阳花糕，这些茶饮既与活动主题完美贴合，又兼具美味口感，因此深受参与活动读者的欢迎。

文创是书店的重要营收来源，但是也面临着缺少自身特色、同质化等各种问题。我们没有盲目地大面积引进文创，而是精选了中华书局观物工作室及国家图书馆文创两个与灿然书屋图书主题契合度较高的品牌产品。在展陈上没有专门设立文创展台，而是将文创与内容相关的图书进行混搭展陈，这样场景化的营造，不但因其主题突出，让读者更好地理解文创的创意来源而促进文创的销售，也带动了相关主题图书的销售，取得图书和文创的相互赋能。

除了图书、茶饮、文创外，我们还在书店运营过程中不断增加书店的呈现内容：基于周围环境的艺术底蕴，增加了"花火瓷"瓷板画；基于附近街区的戏剧元素，增加了FOLKMANIS仿真教育互动手偶；基于年轻读者的喜好需求，增加了"智研家"桌游空间……

以上内容在书店的呈现都不是简单的书店＋，而是在增加商品种类、增加空间功能的同时，服务于书店整体内容构架，从而形成书店的整体场景与生态。图书与其他产品必须进行有机融合，首先基于图书，寻找与图书的文化内核同频的点，保证书店的基底，另一方面通过其他产品，扩大图书的传播外延，便于读者感知与接受。

2. 形式创新

我们努力用多种形式的活动，把灿然书屋打造成综合的文化空间，通过不同形式的文化活动输出我们的理念和价值。

"故宫以东文化书单"由中华书局灿然书屋与嘉德文库、商务印书馆涵芬楼书店、北京三联韬奋书店、王府井书店共同发起，以多元的文化视角，将精选的新书和好书带给广大读者，使每个读者都能从"故宫以东文化书单"里找到属于自己的"东城味道"。通过每月一期的文化书单引导书店图书的宣传与销售，而且这种多家书店联合推荐、互相宣传引流也是书店营销形式上的一种创新尝试，更是在新形势下书店行业抱团取暖的一种趋势。

一次由书店发起的庙会是什么样子？2024 年 1 月 29日，灿然书屋创新推出 2024 龙年"灿然文化庙会"，"灿然文化庙会"集图书文创、非遗手工艺、老北京文化讲座、传统文化展、茶饮和游玩于一体。我们邀请读者一起在书店中享受欢乐的节日气氛，感受传统文化的魅力，邀请中华书局编辑给大家书写福字春联，也请来非遗传承人"面人彭"给大家带来民间手工艺体验。

整个庙会持续一个多月，我们主打文化氛围的营造，在庙会期间举办多场文化讲座，邀请了人艺拟音师郑晨带来"年节里的老北京吃喝"，在立春日请作家、文化学者崔岱远带读者"聊立春习俗、品老北京申时茶"，之后邀请研习古琴制作与弹奏的四川音乐学院王实教授分享"以古琴为代表的中国音乐发展史"。将年节、民俗、读书等诸多元素融合，这次创新受到多家媒体报道，取得很好的社会反响。

此外，灿然书屋还尝试与北京一中教育集团、东华门街道等单位联合组织书店青少年志愿服务活动；与青年艺术100联合举办"绘梦北京中轴线"青少年绘画作品展；与抓马教育联合举办莎士比亚名著《暴风雨》与儿童原创话剧"风暴之眼"合作；参与POP MART一起探索故宫以东等多项形式创新的文化活动。

书店活动的形式创新，一方面拓宽了书店的受众群体，将优质的书店活动内容传播给更多的读者，同时也扩大了书店的影响力，为书店运营打下良好的基础。

3. 空间创新

"灿然书会"是灿然书屋阅读新时代的一个探索，是推进全民阅读与传统文化双创的一个传统文化阅读品牌，也是一个书店空间创新的新举措，其以书会的形式将灿然书屋的优质内容与图书带出书店，走进更多的空间，实现空间、受众的破圈。

"灿然书会"第一场活动我们就以行走阅读的形式，以"品读重阳"为主题，邀请作家崔岱远带领灿然书会的大小书友们登临北京中轴线最高峰景山万春亭鸟瞰古都北京城，穿行皇城根古老的胡同，走进充满生机的老北京四合院，瞻仰红色纪念地亢慕义斋、北大红楼、五四广场，最后来到灿然书屋，听崔老师分享新书《二十四节气好味道》之《品秋》，品饮老北京高碎花茶，跟随护国寺小吃体验馆的师傅制作重阳糕。

一路上，书友们在秋意正浓的时节欣赏沿途的风景，了解中轴线文化和老北京人文故事；在品饮老北京高碎花茶时，聆听"二十四节气"和重阳节风俗；在明媚阳光下的"灿然甲板露台"上亲手制作老北京小吃，于不经意间体会到古都文化、红色文化、京味儿文化、创新文化。品饮、品尝、品读，参与本次书会的书友们在灿然书屋体验了一场"三品"重阳，并将浓浓的文化和灿然书会的美好回忆带走。

2023 年 12 月 20 日，灿然书会走出北京，落地辽宁盘锦。灿然书会辽宁盘锦兴隆阅读空间授牌活动由盘锦市委宣传部主办，兴隆台区委宣传部、辽河油田工会办公室协办，福德汇当当书店承办。同时举办了"经典与生活邂逅，传统与现代相遇"中华优秀传统文化阅读分享会。

2024 年 4 月 13 日，灿然书会在止观艺术馆挂牌灿然书会止观阅读空间，设立二十四史书房，探索尝试集传统文化阅读、交流、分享、体验、传承于一体的空间运营新模式，并在当年就举办了多场文化活动。

2024 年 10 月 28 日，灿然书屋落地大庆油田，进一步开拓灿然书屋的京外阅读空间。

"灿然书会"还与首旅集团旗下国际饭店、民族饭店等五星级宾馆进行合作，尝试在客房摆放北京文化相关图书，将文化活动带进酒店，推进文旅融合，并取得良好的反响。

书店的空间创新，突破了书店原有的地理边界，在更多的空间露出与展示灿然书屋的阅读主张和文化理念，努力为中华书局灿然书屋这个品牌赋能。

4. 传播创新

在信息爆炸的时代，传播的力量是无限的，传统书店必须要考虑如何通过传播宣传自身。灿然书屋的规划是借助优质媒体资源，走融合发展的路。

2023 年 12 月 22 日，在冬至这个传统节日之际，中华书局携手北京文艺广播联合举办灿然书屋"打开文化之门采访空间"揭牌仪式。与北京文艺广播"打开文化之门"栏目合作，将灿然书屋设立为"打开文化之门"的采访空间，通过合作将书店活动通过广播传播给更多的听众，这次合作助力中华书局破圈发展，吸引更多知名专家学者和文化名家到灿然书屋进行活动和讲座，进一步推动文化事业的繁荣与发展，为大众文化体验提供更好的平台和资源。

2024 年进一步与北京文艺广播合作"深读京华"，深读指向"深化全民阅读"。深，意为深入浅出，不止于打卡，要让读者知其然，知其所以然；读，不仅限于文本阅读，更是人生广义上的阅读，读书、读人、读展、读城、读世界；京，既代表北京广播电视台，打造首都新型主流媒体，也标志我们的阅读基础立足于北京；华，既代表中华书局，更表示我们的阅读内容来源于中华优秀传统文化。

首场活动是联合国家动物博物馆推出的"遇见动物博物馆里的'喵星人'"，邀请《中国撸猫简史》作者侯印国走进国家动物博物馆，在馆长张劲硕的引领下，与北京广播电视台主持人米夏一起，开启一场夏日里的博物馆奇妙夜。这次活动通过新媒体直播和短视频二次传播，实现了优质内容的大众化传播。

通过传播创新，在多种渠道使灿然书屋得到曝光，更进一步整体宣传了中华书局的品牌。

重新出发——脚踏实地与仰望星空

通过整理撰写这篇文章的机会，我把灿然书屋重装开业一年来做的事情第一次做了系统梳理，才发现一年之中，我们两个人组成的小队伍居然做了这么多事情，也通过这种梳理，把我们做的众多看似无关联的内容形成相对清晰完整的框架。

灿然书屋一年来的探索只是从零到一的一小步，目前只是灿然书屋的 1.0 版本，还有很多不完善、不成熟和不足之处，但通过一年的探索，让我对灿然书屋的发展方向有了信心，也让我坚信：只要脚踏实地地在这条路上探索推进，就能将灿然书屋推进到 2.0、3.0……并最终触达那目前看来遥远的星光。

（原载 2024 年 11 月 22 日《中国出版营销周报》，作者系中华书局营销中心员工）

特

稿

中华民族复兴历程的生动写照

——从《复兴文库》中汲取智慧和力量

肖启明

修史立典，存史启智，以文化人，是中华民族延续几千年的一个传统。作为党中央批准实施的重大文化工程，大型历史文献丛书《复兴文库》编纂工作 2019 年 1 月全面启动，2022 年 9 月第一至第三编正式出版，第四、第五编正在紧张编撰中，也即将出版。《复兴文库》是一套多达数百册、辑录文献数万篇、总计上亿字的大型历史文献丛书，以中华民族伟大复兴为主题，以思想史为基本线索，精选 1840 年鸦片战争以来同中华民族伟大复兴相关的重要文献，全景式记述了以中国共产党人为代表的中华优秀儿女为实现国家富强、民族振兴、人民幸福而不懈求索、百折不挠的历史足迹，集中展现了影响中国发展进程、引领时代进步、推动民族复兴的思想成果，深刻揭示了中华民族走向伟大复兴的历史逻辑、思想源流和文化脉络。

习近平总书记高度重视《复兴文库》的编纂出版工作，在为《复兴文库》撰写的题为"在复兴之路上坚定前行"的序言中指出："编纂《复兴文库》，是党中央批准实施的重大文化工程。在我们党带领人民迈上全面建设社会主义现代化国家新征程之际，这部典籍的出版，对于我们坚定历史自信、把握时代大势、走好中国道路，以中国式现代化推进中华民族伟大复兴具有十分重要的意义。"

一、《复兴文库》的框架结构和基本内容

《复兴文库》将180余年的历史发展进程按五大时段分设五编。

第一编集中选编1840—1921年，体现民族觉醒意识、探索救亡之道、传播进步思想的重要文献，系统反映鸦片战争到中国共产党成立前，中国社会各阶级阶层、各方面人士，在内外矛盾不断加深，社会危机、民族危机日益严重的情况下，所作的有益思考、探索和多方面努力，重在展现中华民族伟大复兴的历史起点和逻辑起点。

本编按照开眼看世界、农民群众的反抗斗争和诉求、改良派的变革主张、民主革命派的追求等不同专题，将有关文献分编为7卷，共38册。打开各卷，我们能够读到1840年鸦片战争前后清朝官场和知识阶层中的有识之士，呼吁变革旧制、兴利除弊，主张"师夷长技以制

夷"的各种历史文献，包括龚自珍的《己亥杂诗》、林则徐的《禁烟章程》、魏源的《海国图志》、徐继畲的《瀛寰志略》等；我们能够读到体现晚清农民阶级理想和追求的代表性文献——太平天国的《天朝田亩制度》；我们能够读到19世纪末年、20世纪初年中国资产阶级改良派（维新派）代表人物康有为、梁启超、严复、谭嗣同等人，民主革命派代表人物孙中山、黄兴、章太炎、宋教仁等人的代表性著作，包括康有为的《新学伪经考》《孔子改制考》《大同书》、梁启超的《变法通议》、严复翻译的《天演论》、谭嗣同的《仁学》、邹容的《革命军》、陈天华的《猛回头》《警世钟》、孙中山的《兴中会章程》《建国方略》等等。这些文献生动呈现了维新派、革命派或主张维新变法，或力倡民主革命，为救亡图存而进行的宝贵探索和不懈斗争。

辛亥革命推翻清朝政府、结束中国数千年君主专制制度，立下大功；民国肇建前后民主革命派为创建民主共和制度、实施国家治理并推动经济建设、教育发展、社会革新，也有很多值得重视的重要建树。本编第五卷所收孙中山的《建国方略》，内容包括《孙文学说》《实业计划》《民权初步》三个部分，其中的《实业计划》集中体现了孙中山对中国工农业、交通等实现现代化的宏大设想，书中提出修建10万英里的铁路，以五大铁路系统把中国的沿海、内地和边疆连接起来；修建100万英里的公路，构建遍布全国的公路网；开凿水道，整修运河，大力发展内河交通和水力、电力事业；还首次提出修建三峡大坝的设想，十分可贵。孙中山在《民权初步》的序言中曾畅想民族复兴的宏伟目标："以我四万万众优秀文明之民族，而握有世界最良美之土地、最博大之富源，若一心一德以图富强，吾决十年之后必能驾欧美而上之。"

本编对晚清统治集团出于自救目的，举办洋务新政、"仿行宪政"的有关内容，也给予必要关注，专设一卷（第三卷《晚清统治集团的自救》），收录相关文献。尽管洋务运动、清末新政有明显的历史局限，成效也十分有限，但仍可视为晚清中国从传统向近代转型过程中局部的或有限的变革，客观上有一定的积极作用。关注和研究这方面的文献，有助于我们全面、客观地了解近代以来中国历史发展的完整过程，有助于我们真实体会民族复兴历程的曲折和复杂。

值得提到的还有，本编特别编选了《中华民族的认同》专卷（即第六卷），颇具新意。晚清以降，列强入侵，民族危机日益加深，唤起了中国人的民族意识，中华民族逐渐完成了从自在到自觉的历史转变，形成现代意义的中华民族认同。本卷两册对晚清民国时期的民族认同问题给予应有的重视，收录反映清末民初各政治派别关于中华民族历史、满汉民族关系、民族共同体构建的 144 篇相关文献，为研究"中华民族"概念和中华民族共同体意识的演进，为深化近代中国民族认同问题的研究，提供了全面系统的参考资料，对拓展近代思想文化史的研究视野也有积极意义。

第七卷对五四前后新文化运动相关文献的辑录也相当全面、系统，内容相当丰富。1915 年 9 月，陈独秀在上海创办《青年杂志》(第二卷起改名《新青年》)，并亲撰发刊词《敬告青年》，产生巨大社会影响。新文化运动由此开始。中国社会掀起一股思想解放的潮流，包括马克思主义、无政府主义、基尔特社会主义在内的外来各种思潮纷纷传入中国，追寻"主义"成为时代新风气。随着社会主义思潮的东渐，第一次世界大战后，探寻如何走向社会主义，成为中国思想界的新潮流。本卷共 7 册，收录蔡元培、陈独秀、李大钊、鲁迅、胡适、钱玄同等人的近 560篇文献。其中，李大钊从 1918 年 7 月起先后发表的《法俄革命之比较观》《庶民的胜利》《Bolshevism 的胜利》等文章，热情讴歌俄国十月革命，在中国大地上率先举起马克思主义旗帜。

第二编集中选编 1921—1949 年，记述中国共产党携手各阶层各党派进步力量、团结带领中国人民，为推翻帝国主义、封建主义、官僚资本主义三座大山，实现民族独立、人民解放，完成新民主主义革命、建立中华人民共和国而不懈奋斗的重要文献，按照中国共产党的成立、国共合作推动反帝反封建的国民革命、中共早期关于革命道路的探索、抗日民族统一战线的推进与全民族抗战、马克思主义中国化与毛泽东思想等14个不同专题，分编为14卷，共65册。

1921年，中国共产党应运而生。习近平总书记指出："中国共产党一经成立，就把实现共产主义作为党的最高理想和最终目标，义无反顾肩负起实现中华民族伟大复兴的历史使命，团结带领人民进行了艰苦卓绝的斗争，谱写了气吞山河的壮丽史诗。"第二编各卷的编纂工作，首先着眼于中国共产党方面有关文献的全面收录。从五四前后李大钊的《我的马克思主义观》，陈望道翻译的《共产党宣言》，毛泽东的《民众的大联合》《中国社会各阶级的分析》，《中国共产党第一个纲领》《中国共产党第一个决议》，中共二大通过的《中国共产党章程》，到土地革命战争时期的《八七会议记录》《古田会议决议》《中央巡视条例》，毛泽东的《反对本本主义》，中共中央关于抗日救国的《八一宣言》，到抗战时期毛泽东的《实践论》《矛盾论》《论持久战》《新民主主义论》《在延安文艺座谈会上的讲话》，刘少奇的《论共产党员的修养》，中共六届七中全会《关于若干历史问题的决议》，到解放战争时期的《中国土地法大纲》，毛泽东的《论人民民主专政》，等等，重要文献应收尽收。

中国共产党方面的文献之外，其他各方，包括国民党和国民政府方面，一些具有正面意义和积极作用的历史文献，也作了必要收录。《复兴文库》总主编金冲及先生多次表示：中华民族伟大复兴是在中国共产党的正确领导下推进的，在《复兴文库》收录、编选的历史文献中，中国共产党和中华人民共和国的重要文件、中国共产党人的文稿占主要地位是很自然的。同时，民族复兴是亿万中国人共同奋斗的事业，因此选编《复兴文库》也应该十分重视选入各民主党派、各族人民、爱国民主人士、华侨华人、宗教界人士和国民党爱国将领等的文稿，这样才能反映出100多年来中国人民为民族复兴奋斗的全貌。《复兴文库》的编纂工作和成书情况很好地体现了这样一种尊重历史、实事求是的科学态度。第二编第二卷收录有《中国国民党第一次全国代表大会宣言》，第四卷收录了鲁迅、黄炎培、翁文灏、丁文江等文人、学者、科学家的有关作品，第五卷、第八卷收录了蒋介石、林森、孔祥熙、宋子文等有关对日抗战和涉及中国国际地位问题的多篇文稿。第七卷收录有抗战时期大后方民主宪政运动中，沈钧儒、张澜、黄炎培、梁漱溟等中间党派代表人物的相关文章。有关抗战胜利后各民主党派和有关民主人士关于道路问题的思考与抉择，更是单设一卷（即第十卷），集中收录相关文献，其中包括各民主党派的章程及关于时局的宣言，民主党派代表人物的有关谈话、讲话、声明、函电等等。

　　总之，第二编对各方面文献的搜集、收录相当全面，史料相当丰富，内容相当丰满。

新中国成立前有关中国共产党自身建设的文献，有关马克思主义与中国革命实际相结合及毛泽东思想形成和确立的文献，有必要给予特别关注。

1939 年 10 月，毛泽东在《〈共产党人〉发刊词》中，提出加强党的建设伟大工程，号召建设一个"全国范围的、广大群众性的、思想上政治上组织上完全巩固的布尔什维克化的中国共产党"。中国共产党由 1921 年一大召开时的 50 多名党员发展到 1949 年新中国成立前近 449 万名党员的大党，成为领导建立新中国的坚强核心，这是中国共产党长期注重自我建设的必然结果。本编第十二卷（全 4 册）集中收录了新中国成立前中国共产党组织建设、制度建设、纪律建设、作风建设以及宣传工作等方面的文献共 240 篇，包括中国共产党早期的纲领、章程、各种决议，毛泽东等党的领导人的相关文章等。1931 年 5 月颁布的《中央巡视条例》，标志着党内巡视制度正式建立。这一制度的建立和完善，在当时对传达落实中央指示、恢复发展地方党组织、指导解决党内纷争、密切联系群众发挥了重要作用。这一制度至今仍是我们党进行党内监督的一项重要制度。

第十三卷（全 6 册）集中收录关于马克思主义中国化与毛泽东思想的专题文献 270 多篇，包括毛泽东的《反对本本主义》《实践论》《矛盾论》《论新阶段》《新民主主义论》《改造我们的学习》《整顿党的作风》《在延安文艺座谈会上的讲话》《论联合政府》，刘少奇的《关于讨论修改党章报告的结论》，朱德的《关于毛泽东军事思想问题》，张闻天的《出发归来记》，中共六届七中全会《关于若干历史问题的决议》，等等。翻阅这些文献可以看到，以毛泽东同志为主要代表的中国共产党人自觉以马克思主义为指导，系统总结中国革命成功与失败的经验教训，不断克服右倾机会主义和"左"倾教条主义的错误，独立自主地探索和开辟中国式的革命道路，在革命实践中逐步形成马克思主义中国化的思想。1937 年夏，毛泽东在抗日军政大学讲授《实践论》《矛盾论》，从马克思主义认识论的高度，总结中国共产党的历史经验，批评党内的主观主义尤其是教条主义错误，深入论证马克思列宁主义基本原理同中国具体实际相结合的原则，科学阐明了党的马克思主义思想路线。1939—1940 年，毛泽东又撰写了《中国革命和中国共产党》《新民主主义论》等重要理论著作，揭示了中国半殖民地半封建社会的性质和主要特征，明确了近代中国社会的主要矛盾和中国革命发生及发展的原因，阐明了中国共产党领导的整个中国革命运动，包括民主主义革命和社会主义革命两个阶段。毛泽东同志实现了马克思主义的基本原理与中国革命实际的第一次结合，系统阐明了新民主主义理论。党的七大把毛泽东思想确立为党的指导思想并写入党章。正是在毛泽东思想指引下，我们党领导全国人民取得了新民主主义革命的伟大胜利。

第三编集中选编1949—1978年，记载中国共产党团结带领全国各族人民进行社会主义革命、确立社会主义基本制度、推进社会主义建设，完成中华民族有史以来最为广泛而深刻的社会变革的重要文献，按照中华人民共和国成立、中国人从此站立起来了、向社会主义过渡、人民代表大会制度的建立和实施、"四个现代化"战略目标等16个不同专题，分编为16卷，共92册。

从1949年新中国成立到1978年改革开放前夕，是中国共产党领导人民艰辛探索社会主义革命和建设道路的历史时期，在党史、新中国史、社会主义发展史上具有重要地位。习近平总书记指出："我们党领导人民进行社会主义建设，有改革开放前和改革开放后两个历史时期，这是两个相互联系又有重大区别的时期，但本质上都是我们党领导人民进行社会主义建设的实践探索。……如果没有1949年建立新中国并进行社会主义革命和建设，积累了重要的思想、物质、制度条件，积累了正反两方面经验，改革开放也很难顺利推进。……对改革开放前的历史时期要正确评价，不能用改革开放后的历史时期否定改革开放前的历史时期，也不能用改革开放前的历史时期否定改革开放后的历史时期。"社会主义革命和建设时期，中国的发展虽然经历严重曲折，但仍然取得伟大成就，这一点是首先应该看到的。本编第二卷（《中国人从此站立起来了》）有关新中国建立初期中国共产党领导全国各族人民战胜一系列严峻挑战，废除帝国主义在中国的特权、稳定经济秩序、镇压反革命、完成土地改革、开展民主改革、赢得抗美援朝战争伟大胜利的文献；第三卷（《向社会主义过渡》）有关过渡时期总路线、实现社会主义工业化，以及农业、手工业、资本主义工商业社会主义改造的文献；第八卷（《"四个现代化"战略目标》）有关"四个现代化"战略目标和建设实践的文献；第九卷（《建立独立的比较完整的国民经济体系》）有关第一到第五个"五年计划"制定与实施情况、"三线建设"战略制定与实施情况的文献；第十卷（《知识分子政策和教育科学文化建设》）有关发展教育事业、科学技术事业、文化事业的文献；第十二卷（《国防和军队建设》）有关国防和军队建设的文献；第十三卷（《独立自主的和平外交》）有关新中国外交事业的文献；第十五卷（《从纠"左"到全面整顿》）关于"文化大革命"期间党和人民抵制极"左"错误，对军队、工业和党的组织进行全面整顿的文献；等等，对各领域各方面成就都有全面记述和充分体现，阅读时需要给予高度重视。阅读这些文献，我们会更加深刻地认识到，中国人民在旧中国一穷二白的基础上，在一个社会生产力原来十分落后的东方大国，在 30 年左右的时间里所创造的社会主义革命和建设的伟大成就，为在新的历史时期开创中国特色社会主义提供了宝贵经验、理论准备和物质基础。

在社会主义革命和建设道路的探索过程中，有关制度建设特别是政治制度建设方面的内容，需要给予特别关注。在中国建立什么样的政治制度，革命胜利后组织怎样的国家政权，是中国共产党一直思考的重大历史课题。1949 年 9 月，中国人民政治协商会议第一届全体会议通过的带有临时宪法性质的《中国人民政治协商会议共同纲领》，明确规定中华人民共和国实行人民民主专政和人民代表大会制度。1954 年 9 月，第一届全国人民代表大会第一次会议通过《中华人民共和国宪法》，标志着人民代表大会制度这一社会主义根本政治制度的确立。第三编第四卷（全 3 册），集中收录有关人民代表大会制度的理论准备、各地召开各界人民代表会议、召开第一次全国人民代表大会、颁布新中国第一部宪法等方面的专题文献 244 篇，为我们了解和研究人民代表大会制度的相关理论以及这一根本政治制度确立的有关情况，提供了基本素材。今年是人民代表大会制度确立和"五四宪法"颁布 70 周年，阅读与人民代表大会制度有关的历史文献，无疑更加具有现实意义。

第五卷所收关于人民政协和统一战线理论与实践的 380 篇文献，第六卷所收关于民族区域自治制度形成、发展和实施情况的 770 多篇文献，也是我们了解和研究新中国基本政治制度绝对不可忽视的重要历史资料。

要深入了解这一时期马克思主义基本原理同中国具体实际相结合的有关情况，则需重点阅读本编第七卷（《探索适合中国国情的的社会主义建设道路》）收录的有关文献，如毛泽东1956年4月在中央政治局扩大会议上所作《论十大关系》的讲话、1957年2月在最高国务会议上所作《如何处理人民内部的矛盾》（后改为《关于正确处理人民内部矛盾的问题》）的讲话等。这些文献呈现的基本史实是：以毛泽东同志为主要代表的中国共产党人，结合社会主义革命和建设新的实际丰富和发展毛泽东思想，提出关于社会主义建设的一系列重要思想，包括社会主义社会是一个很长的历史阶段，严格区分和正确处理敌我矛盾和人民内部矛盾，正确处理我国社会主义建设的十大关系，走出一条适合我国国情的工业化道路，尊重价值规律，在与民主党派的关系上实行"长期共存、互相监督"的方针，在科学文化工作中实行"百花齐放、百家争鸣"的方针等。这些独创性理论成果至今仍有重要的指导意义。

与其他各卷收录领导人讲话多、报告多、党和国家文件多的情况相比较，本编第十一卷集中收录数百篇反映新中国成立后中国人民自力更生、发奋图强、艰苦奋斗精神，体现新的时代风尚和各领域创业典型事迹的文献，无疑别具特色。重读《谁是最可爱的人》《南京路上好八连》《雷锋日记》等生动感人的历史名作，我们一定能够感受到新中国成立后中国人民精神面貌发生的巨大变化，一定会被抗美援朝精神、"两弹一星"精神、雷锋精神、焦裕禄精神、大庆精神（铁人精神）、红旗渠精神等一系列伟大精神所深深感动。正是这些伟大精神，为实现中华民族伟大复兴提供了强大的精神动力。

即将出版的第四、第五两编，分别集中选编改革开放和社会主义现代化建设新时期的重要文献，集中选编党的十八大以来，中国特色社会主义进入新时代后党和国家事业取得历史性成就、发生历史性变革的重要文献。这两编的内容，特别是第五编有关习近平新时代中国特色社会主义思想的丰富内容，对于新征程上全党全国各族人民以中国式现代化全面推进强国建设、民族复兴伟业，具有更加直接的指导作用，具有更加重大的现实意义和深远的历史意义，因此也更加值得期待。

二、从《复兴文库》中汲取智慧和力量

（一）学习党史和中国近现代史的重要参考文献

习近平总书记在《复兴文库》序言中深刻指出："历史是最好的教科书，一切向前走，都不能忘记走过的路；走得再远、走到再光辉的未来，也不能忘记走过的过去。"要想弄清楚我们从哪里来、要到哪里去，弄清楚中国共产党人是干什么的、已经干了什么、还要干什么，弄清楚过去我们为什么能够成功、未来怎样才能继续成功，就必须学好中国历史，学好中国近代史，学好党的历史。

在实现伟大复兴的历史进程中，一代代中华民族的先进分子和优秀儿女探索、奋斗、牺牲、创造，留下大量具

有重要历史价值和时代意义的珍贵文献。这些重要文献是学习中国近现代历史的重要素材，也是学习党史、新中国史、改革开放史、社会主义发展史、中华民族复兴史的生动教材。阅读和研究这些重要文献，定能获得无穷智慧和巨大精神力量，对于我们在新征程上继续坚定历史自信、把握时代大势、走好中国道路，以中国式现代化全面推进中华民族伟大复兴，具有重大意义。正如习近平总书记指出的："编纂出版《复兴文库》大型历史文献丛书，就是要通过对近代以来重要思想文献的选编，述录先人的开拓，启迪来者的奋斗。""当前，世界百年未有之大变局加速演进，中华民族伟大复兴进入关键时期，我们更需要以史为鉴、察往知来。"

2021 年 2 月，中共中央印发《关于在全党开展党史学习教育的通知》，就党史学习教育作出部署安排。2024年 2 月，中共中央又印发《党史学习教育工作条例》，要求党的各级组织把党史学习教育作为常态化长效化的一项重要工作切实抓紧抓好。《复兴文库》的出版可谓正当其时，对常态化长效化的党史学习教育必将发挥越来越大、越来越重要的作用。

（二）阅读《复兴文库》，坚定文化自信，共筑中华民族共有精神家园

文化自信是更基础、更广泛、更深厚的自信，是一个国家、一个民族发展中最基本、最深沉、最持久的力量。

习近平总书记在《复兴文库》序言中指出：要坚定文化自信、增强文化自觉，构筑中华民族共有精神家园；要更好繁荣中国学术、发展中国理论、传播中国思想。在推进中华民族伟大复兴的历史进程中，我们积累的是优秀传统，构筑的是精神家园，形成的是中国特色社会主义文化。

《复兴文库》是新中国成立以来第一部集中反映中华民族伟大复兴进程的大型历史文献集成，首次以思想史为基本线索，以专题化全景式方式集中展现影响中国发展进程、引领时代进步、推动民族复兴的思想成果，深刻诠释中华民族在中国共产党的带领下一步步走向伟大复兴的思想源流和文化脉络。阅读《复兴文库》，萃取历史精华，坚定文化自信，对于我们在强国建设、民族复兴的新征程上，坚持自信自强、守正创新的精神风貌，共筑中华民族共有精神家园，发挥历史主动精神，实现中华民族伟大复兴，具有重要意义。

（三）阅读文库，坚定理想信念，凝聚精神力量

"修史立典，存史启智，以文化人，这是中华民族延续几千年的一个传统。"修史立典的意义在于更好地读史用典。《复兴文库》作为记录民族复兴历史的大型文献库、资料库，同时也是重要的智慧库、思想库，它所具有的教科书的功能，文化教育和资政育人的功能，是不言而喻的。《复兴文库》总主编金冲及先生认为，近代以来，中华优秀儿女在探索、奋斗中留下的大量历史文献，是极其珍贵的精神遗产，"当我们重读前人为实现民族复兴呕心沥血留下的这些文稿时，仍抑制不住内心的激动，从中更加深刻了解中华民族伟大复兴是怎样一步一步走过来的"。《复兴文库》所收文献对读者的精神感召力和教育引导作用，是可以想见的。

阅读《复兴文库》，学习历史，特别是学习百年以来中国共产党的历史，有助于我们坚定这样的信念：历史和人民选择中国共产党领导中华民族伟大复兴的事业是完全正确的，必须长期坚持、永不动摇；中国共产党领导中国人民开辟的中国特色社会主义道路是完全正确的，必须长期坚持、永不动摇；中国共产党坚持把马克思主义基本原理同中国具体实际相结合、同中华优秀传统文化相结合作为推进马克思主义中国化时代化的根本途径是完全正确的，必须长期坚持、永不动摇。

（四）发挥好思想库、智慧库应有的作用，继续推进实践基础上的理论创新，不断谱写马克思主义中国化时代化新篇章

实践告诉我们，中国共产党为什么能，中国特色社会主义为什么好，归根到底是马克思主义行，是中国化时代化的马克思主义行。马克思主义中国化时代化的每一次飞跃，都呈现为重大的理论创新成果。坚持理论创新也是中国共产党百年奋斗的一条重要历史经验。而理论创新的根本途径，则是我们党坚持把马克思主义基本原理同中国具体实际相结合、同中华优秀传统文化相结合。中国共产党一百年来的奋斗史，在一定意义上就是"两个结合"的探索史。通过"两个结合"，形成马克思主义中国化时代化的一系列理论成果，即毛泽东思想、邓小平理论、"三个代表"重要思想、科学发展观、习近平新时代中国特色社会主义思想；通过"两个结合"，探索出一系列马克思主义中国化时代化的实践成果，即新民主主义革命道路、社会主义革命和建设道路、中国特色社会主义道路。"两个结合"是我们党领导人民取得百年辉煌成就的密钥。

《复兴文库》第一至三编所收新中国成立前后有关马克思主义中国化时代化的重要文献，全面记录和呈现了以毛泽东同志为主要代表的中国共产党人，把马克思列宁主义基本原理同中国革命的具体实践相结合，创立和发展毛泽东思想的历史过程；仍在编纂中的第四、第五两编，将全面记录改革开放和社会主义现代化建设新时期、中国特色社会主义新时代，中国共产党人不断谱写马克思主义中国化时代化新篇章的历史进程。阅读《复兴文库》，对我们更加全面系统了解这一历史过程，进一步加深对"两个结合"重要性的认识，并继续推进实践基础上的理论创新，必有重要启示和推动作用。

（原载 2024 年第 2 期《党委中心组学习》，作者系中华书局执行董事、党委书记）